JN097460

【国家試験】
知的財産管理技能検定

厳選
過去問題集

2級

もくじ

特許法・実用新案法

意匠法

商標法

条約

著作権法

その他の知的財産に関する法律

実力テスト

2級試験概要

本書について

1. 過去 10 回の試験問題から、合格に必要な問題を厳選し一冊に収録

　本書には、第 37 回（2020 年 11 月）から第 46 回（2023 年 11 月）までに実施された知的財産管理技能検定 2 級の過去問題の中から、出題傾向を踏まえて合格に必要な学科・実技の問題と詳細な解説を掲載していますので、一冊で 2 級両試験の学習ができます。

　本書では、レッスンの最初にそのレッスンの内容をまとめた重要ポイントを掲載していますので、過去問題を解く前にポイントを理解したうえで問題に取り組むことで、出題のポイントがよくわかる仕組みになっています。

　また、巻末には本試験さながらの実力テストを解答解説とあわせて掲載しています。

2. 法令基準日と法改正等の影響も考慮

　本書では、2024 年 11 月から 2025 年 7 月に実施される試験対策として、本書に掲載している過去問題については、各試験実施回の法改正等を考慮して見直ししています。その結果、法改正等の影響を受けている問題および解答については、選択肢の入れ替えや適切 / 不適切の変更を行っており、関連のある法改正等の情報は「解答解説」で説明しています。

　各実施回の法令基準日は知的財産管理技能検定 HP（https://www.kentei-info-ip-edu.org/exam.html）にてご確認ください。

3. 出題領域順の並び替えで、効率よく学習ができる

　本書では、試験でよく出題されるポイントをレッスンごとに効率よく学習できるよう、「公式テキストに準拠した出題領域順」に重要ポイントと学科・実技の問題と解説を掲載しています。領域ごとに学習が進められるので、漠然と過去問題を出題順に解くより、効率よく学習することができます。

　また、実力テストには、各問題の出題領域を掲載しているので、学習の成果を確認できるだけでなく、正解できなかった領域を把握できるため、ポイントを絞った復習をすることができます。

意匠法
13.意匠権の管理と活用

重要Point

各レッスンの
重要ポイント
各領域の要点をまと
めているので，知識
の整理ができます。

- ・意匠権は，登録査定の謄本送達日から**30日以内**に，**第1年分の登録料**を
納付すると**設定登録**がされ権利が発生する
- ・意匠権の存続期間は**意匠登録出願の日**から**25年**で終了する
- ・意匠権を2年目以降も存続させたい場合は，**前年以前**に登録料を納付しな
ければならないが，期限経過後であっても，**6カ月以内**であれば**追納**する
ことができる
- ・意匠の**類否判断**は，**需要者**の**視覚**を通じて起こさせる**美感**に基づいて行わ
れると規定されている
- ・意匠法でも，**職務創作**や**先使用者**による**通常実施権**が認められている

▶ **学科問題**

45   (46回 学科 問21)

　ア～エを比較して，登録意匠の範囲に関して，最も**不適切**と考えられるものは
どれか。

苦手領域を克服！
ポイントを絞った復習が可能に

各問題に出題領域を掲載

問15　正解: イ   種苗法

ア　適切
　品種登録出願は，願書を農林水産大臣に提出して行います(種5条1項柱書)。
イ　不適切
　育成者権の存続期間は，品種登録の日から25年(永年性植物については30年)
となります(種19条2項)。
ウ　適切
　農林水産大臣は，品種登録出願を受理したときは，遅滞なくその品種登録出願
について出願公表を行うことになっています(種13条1項)。
エ　適切
　品種登録出願の審査において，特許法のような出願審査請求制度 (特48条の
3) は採用されていません。

領域別インデックス

実力テスト

4.「大領域出題比率」と「領域別出題数」で出題バランスと 出題傾向がわかる

　大領域出題比率では、第42回（2022年7月実施）から第46回（2023年11月実施）までの学科試験・実技試験・その合計の大領域の出題比率を円グラフにしています。どの領域からの出題が多いのか出題バランスを一目で確認することができます。

　また、領域別出題数では、小領域ごとの出題数を掲載しています。どの小領域からの出題が多いのか詳細を確認することができます。

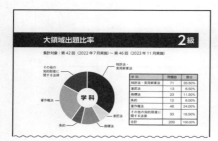

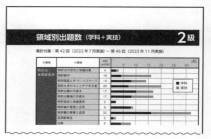

公式テキストと本書

本書は、指定試験機関が編集した「知的財産管理技能検定2級公式テキストに掲載された法律の領域と表記に準拠しています。

公式テキストと本書を合わせて使用することで、より効率的な学習が可能です。

5. 学科・実技それぞれの「領域別出題一覧表」で、領域ごとの詳細な出題傾向がわかる

　領域別出題一覧表では、第42回（2022年7月実施）から第46回（2023年11月実施）までの学科試験・実技試験それぞれについて、小領域ごとの出題数を掲載しています。小領域ごとの出題バランスだけでなく、毎回出題されている小領域はどこかなども確認することができます。

※試験問題についてのご質問はお受けできませんのでご了承ください。

各法律の略称については、下記のとおり表記しています。

特許法 ⇒ 特
特許法施行規則 ⇒ 特施規
実用新案法 ⇒ 実
意匠法 ⇒ 意
意匠法施行規則 ⇒ 意施規
商標法 ⇒ 商
商標法施行規則 ⇒ 商施規
特定農林水産物等の名称の保護に関する法律
　　　　　　　　　　　　⇒ 地理的表示
パリ条約 ⇒ パリ
特許協力条約 ⇒ PCT
特許協力条約に基づく規則 ⇒ PCT 規則

TRIPS 協定 ⇒ TRIPS
マドリッド協定議定書 ⇒ マド
著作権法 ⇒ 著
不正競争防止法 ⇒ 不競
民法 ⇒ 民
独占禁止法 ⇒ 独
種苗法 ⇒ 種
関税法 ⇒ 関
外国為替及び外国貿易法 ⇒ 外為法
民事訴訟法 ⇒ 民訴
知的財産高等裁判所設置法
　　　　　　　　⇒知財高裁

（例）特許法第 29 条第 1 項第 1 号⇒特 29 条 1 項 1 号

集計対象：第42回（2022年7月実施）～第46回（2023年11月実施）

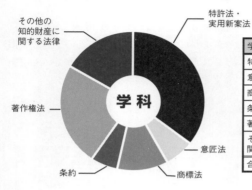

学科	問題数	割合
特許法・実用新案法	71	35.50%
意匠法	13	6.50%
商標法	23	11.50%
条約	12	6.00%
著作権法	48	24.00%
その他の知的財産に関する法律	33	16.50%
合計	200	100.00%

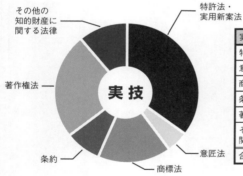

実技	問題数	割合
特許法・実用新案法	70	35.00%
意匠法	10	5.00%
商標法	33	16.50%
条約	16	8.00%
著作権法	49	24.50%
その他の知的財産に関する法律	22	11.00%
合計	200	100.00%

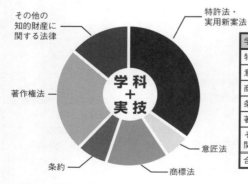

学科＋実技	問題数	割合
特許法・実用新案法	141	35.25%
意匠法	23	5.75%
商標法	56	14.00%
条約	28	7.00%
著作権法	97	24.25%
その他の知的財産に関する法律	55	13.75%
合計	400	100.00%

領域別出題数（学科＋実技）　2級

集計対象：第 42 回（2022 年 7 月実施）〜 第 46 回（2023 年 11 月実施）

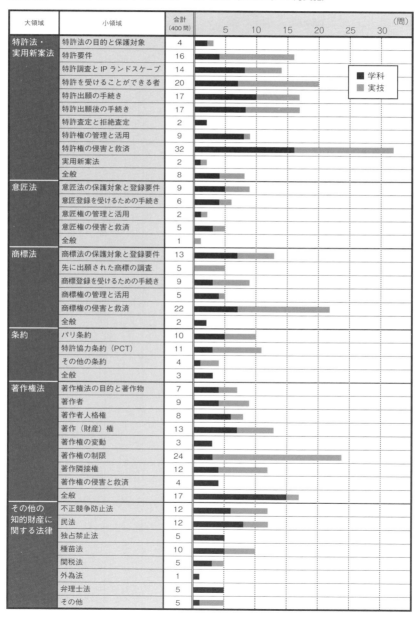

大領域	小領域	合計 （400問）
特許法・ 実用新案法	特許法の目的と保護対象	4
	特許要件	16
	特許調査と IP ランドスケープ	14
	特許を受けることができる者	20
	特許出願の手続き	17
	特許出願後の手続き	17
	特許査定と拒絶査定	2
	特許権の管理と活用	9
	特許権の侵害と救済	32
	実用新案法	2
	全般	8
意匠法	意匠法の保護対象と登録要件	9
	意匠登録を受けるための手続き	6
	意匠権の管理と活用	2
	意匠権の侵害と救済	5
	全般	1
商標法	商標法の保護対象と登録要件	13
	先に出願された商標の調査	5
	商標登録を受けるための手続き	9
	商標権の管理と活用	5
	商標権の侵害と救済	22
	全般	2
条約	パリ条約	10
	特許協力条約（PCT）	11
	その他の条約	4
	全般	3
著作権法	著作権法の目的と著作物	7
	著作者	9
	著作者人格権	8
	著作（財産）権	13
	著作権の変動	3
	著作権の制限	24
	著作隣接権	12
	著作権の侵害と救済	4
	全般	17
その他の 知的財産に 関する法律	不正競争防止法	12
	民法	12
	独占禁止法	5
	種苗法	10
	関税法	5
	外為法	1
	弁理士法	5
	その他	5

（凡例）■ 学科　■ 実技

大領域	小領域	2022年 7月 第42回	11月 第43回	2023年 3月 第44回	7月 第45回	11月 第46回	合計 200問	平均 (問)
特許法・実用新案法	特許法の目的と保護対象	1		1		1	3	0.6
	特許要件	2			1	1	4	0.8
	特許調査とIPランドスケープ	2	1	2	1	2	8	1.6
	特許を受けることができる者	1	2	2	1	1	7	1.4
	特許出願の手続き	2	2	2	1	3	10	2.0
	特許出願後の手続き	1	2	2	2	1	8	1.6
	特許査定と拒絶査定		2				2	0.4
	特許権の管理と活用	2	1	2	1	2	8	1.6
	特許権の侵害と救済	3	3	3	4	3	16	3.2
	実用新案法				1		1	0.2
	全般			1	3		4	0.8
意匠法	意匠法の保護対象と登録要件	1	1	2	1		5	1.0
	意匠登録を受けるための手続き	1	1	1		1	4	0.8
	意匠権の管理と活用					1	1	0.2
	意匠権の侵害と救済		1		1	1	3	0.6
	全般						—	—
商標法	商標法の保護対象と登録要件	1	2	1	1	2	7	1.4
	先に出願された商標の調査						—	—
	商標登録を受けるための手続き			2	1		3	0.6
	商標権の管理と活用	2	1		1		4	0.8
	商標権の侵害と救済	2	1	1	1	2	7	1.4
	全般			1	1		2	0.4
条約	パリ条約	1	1	1	1	1	5	1.0
	特許協力条約（PCT）	1	1			1	3	0.6
	その他の条約		1				1	0.2
	全般			1	1	1	3	0.6
著作権法	著作権法の目的と著作物	1	1	1	1		4	0.8
	著作者	1	1	1	1		4	0.8
	著作者人格権	1	1	1	1	2	6	1.2
	著作（財産）権	1	2	3	1		7	1.4
	著作権の変動	1				2	3	0.6
	著作権の制限		1	1	1		3	0.6
	著作隣接権		1	1	1	1	4	0.8
	著作権の侵害と救済	1			1		2	0.4
	全般	5	1	1	3	5	15	3.0
その他の知的財産に関する法律	不正競争防止法	1	2	1	1	1	6	1.2
	民法	1	3	1	2	1	8	1.6
	独占禁止法	1	1	1	1	1	5	1.0
	種苗法	1	1	1	1	1	5	1.0
	関税法	1		1		1	3	0.6
	外為法						—	—
	弁理士法	1	1	1	1	1	5	1.0
	その他		1				1	0.2

大領域	小領域	合計	(問)
特許法・実用新案法	特許法の目的と保護対象	3	
	特許要件	4	
	特許調査とIPランドスケープ	8	
	特許を受けることができる者	7	
	特許出願の手続き	10	
	特許出願後の手続き	8	
	特許査定と拒絶査定	2	
	特許権の管理と活用	8	
	特許権の侵害と救済	16	
	実用新案法	1	
	全般	4	
意匠法	意匠法の保護対象と登録要件	5	
	意匠登録を受けるための手続き	4	
	意匠権の管理と活用	1	
	意匠権の侵害と救済	3	
	全般	－	
商標法	商標法の保護対象と登録要件	7	
	先に出願された商標の調査	－	
	商標登録を受けるための手続き	3	
	商標権の管理と活用	4	
	商標権の侵害と救済	7	
	全般	2	
条約	パリ条約	5	
	特許協力条約（PCT）	3	
	その他の条約	1	
	全般	3	
著作権法	著作権法の目的と著作物	4	
	著作者	4	
	著作者人格権	6	
	著作（財産）権	7	
	著作権の変動	3	
	著作権の制限	3	
	著作隣接権	4	
	著作権の侵害と救済	2	
	全般	15	
その他の知的財産に関する法律	不正競争防止法	6	
	民法	8	
	独占禁止法	5	
	種苗法	5	
	関税法	3	
	外為法	－	
	弁理士法	5	
	その他	1	

大領域	小領域	2022年 7月 第42回	11月 第43回	2023年 3月 第44回	7月 第45回	11月 第46回	合計 200問	平均 (問)
特許法・実用新案法	特許法の目的と保護対象	1					1	0.2
	特許要件		6	6			12	2.4
	特許調査とIPランドスケープ	1	1	1	1	2	6	1.2
	特許を受けることができる者	1	2	1	1	8	13	2.6
	特許出願の手続き			1	6		7	1.4
	特許出願後の手続き	6	1		1	1	9	1.8
	特許査定と拒絶査定						—	—
	特許権の管理と活用	1					1	0.2
	特許権の侵害と救済	5	4	3	1	3	16	3.2
	実用新案法			1			1	0.2
	全般	1	1	1	1		4	0.8
意匠法	意匠法の保護対象と登録要件		1	1	1	1	4	0.8
	意匠登録を受けるための手続き	1		1			2	0.4
	意匠権の管理と活用				1		1	0.2
	意匠権の侵害と救済		1			1	2	0.4
	全般	1					1	0.2
商標法	商標法の保護対象と登録要件	6					6	1.2
	先に出願された商標の調査				1	4	5	1.0
	商標登録を受けるための手続き				6		6	1.2
	商標権の管理と活用					1	1	0.2
	商標権の侵害と救済		6	6		3	15	3.0
	全般						—	—
条約	パリ条約	3		1			5	1.0
	特許協力条約（PCT）			2	3	3	8	1.6
	その他の条約		2	1			3	0.6
	全般						—	—
著作権法	著作権法の目的と著作物	3					3	0.6
	著作者			5			5	1.0
	著作者人格権					2	2	0.4
	著作（財産）権		3		3		6	1.2
	著作権の変動						—	—
	著作権の制限	6	6		4	5	21	4.2
	著作隣接権			4	2	2	8	1.6
	著作権の侵害と救済				1	1	2	0.4
	全般	1	1				2	0.4
その他の知的財産に関する法律	不正競争防止法	1	1	1	2	1	6	1.2
	民法	1	1	1	1		4	0.8
	独占禁止法						—	—
	種苗法	1	1	1	1	1	5	1.0
	関税法				1	1	2	0.4
	外為法			1			1	0.2
	弁理士法						—	—
	その他		1	1	2		4	0.8

大領域	小領域	合計	(問)
特許法・実用新案法	特許法の目的と保護対象	1	
	特許要件	12	
	特許調査とIPランドスケープ	6	
	特許を受けることができる者	13	
	特許出願の手続き	7	
	特許出願後の手続き	9	
	特許査定と拒絶査定	—	
	特許権の管理と活用	1	
	特許権の侵害と救済	16	
	実用新案法	1	
	全般	4	
意匠法	意匠法の保護対象と登録要件	4	
	意匠登録を受けるための手続き	2	
	意匠権の管理と活用	1	
	意匠権の侵害と救済	2	
	全般	1	
商標法	商標法の保護対象と登録要件	6	
	先に出願された商標の調査	5	
	商標登録を受けるための手続き	6	
	商標権の管理と活用	1	
	商標権の侵害と救済	15	
	全般	—	
条約	パリ条約	5	
	特許協力条約（PCT）	8	
	その他の条約	3	
	全般	—	
著作権法	著作権法の目的と著作物	3	
	著作者	5	
	著作者人格権	2	
	著作（財産）権	6	
	著作権の変動	—	
	著作権の制限	21	
	著作隣接権	8	
	著作権の侵害と救済	2	
	全般	2	
その他の知的財産に関する法律	不正競争防止法	6	
	民法	4	
	独占禁止法	—	
	種苗法	5	
	関税法	2	
	外為法	1	
	弁理士法	—	
	その他	4	

特許法・
実用新案法

1.特許法の目的と保護対象

重要Point

- ・特許法の目的は，発明の保護および利用を図ることにより，発明を奨励し，もって**産業の発達**に寄与することである
- ・知的創造サイクルとは，**創造～権利化～活用**という一連の流れを円滑にすることで，産業の発達につながる仕組みをいう
- ・企業等が保有する特許権を相互にライセンスすることを，**クロスライセンス**という
- ・特許権を独占する戦略を取った場合は，**市場**を**独占**することが可能となるが，一方で他社に**代替技術**を開発されたり，**特許異議の申立て**や**特許無効審判**などを請求されたりする可能性がある
- ・特許権をライセンスする戦略では，複数の企業が参加することで，自社の**事業リスクの軽減**や，事業活動の自由度が高まるというメリットがある

学科問題

1

(42回　学科　問39)

　ア～エを比較して，特許出願を行うことによる企業経営上のメリットに関して，最も**不適切**と考えられるものはどれか。

ア　特許権が得られれば，他社とクロスライセンスをすることによって，事業活動の自由を確保することができる場合がある。

イ　特許出願が公開されれば，登録前の行為であっても特許権の侵害として損害賠償を請求することができる。

ウ　特許権が得られれば，自社の技術力を広くアピールすることができる場合がある。

エ　特許権が得られれば，先願主義の下，同一発明に係る特許権を他社が取得することを防止することができる。

解答解説

1

ア 適切

自社特許を活用して他社とクロスライセンスをすることにより，自社及び他社は互いに事業の差し止めを受けるリスクを回避できるだけでなく，互いの技術を互いの事業に活用できるため，事業活動の自由を確保することができます。

イ 不適切

特許権の設定登録がなされていない特許出願の段階では，たとえ特許出願が公開されていたとしても，その発明を独占的に実施する権利が発生していないので，特許権の侵害として損害賠償を請求することはできません。なお，特許出願人は，出願公開後から特許権の設定登録がされるまでの間に，出願公開された発明を業として実施した者に対して，警告を行った上で補償金の支払いを請求することができます（特65条1項）。

ウ 適切

特許権は，新規性及び進歩性を有する発明に対して付与されます（特29条）。したがって，特許権が得られれば，自社の技術力を世間に対してアピールすることができます。

エ 適切

先願主義の下，同一の発明について異なった日に二以上の特許出願があったときは，最先の特許出願人のみがその発明について特許を受けることができます（特39条1項）。したがって，他社よりも先に特許出願すれば，同一発明に係る特許権を他社が取得することを防止することができます。

 **実技問題**

2

　精密機器メーカーX社の知的財産部の部員は，自社の出願戦略において発明を特許出願すべきか営業秘密として保護すべきかについて，発言している。**ア～エ**を比較して，部員の発言として，最も適切と考えられるものはどれか。

ア　「発明を特許出願すべきか営業秘密として保護すべきかは，その発明の新規性の有無によって決定すべきです。発明が新規性を有する場合には，営業秘密として保護すべきではないと思います。」

イ　「発明を特許出願すべきか営業秘密として保護すべきかは，その発明に基づいて事業化した場合に，販売された製品から発明を技術的に理解できるときには，特許出願をするのが望ましいと思います。」

ウ　「発明を特許出願すべきか営業秘密として保護すべきかは，先使用権の立証のしやすさによって決定すべきです。先使用権を確保できれば，営業秘密としての保護を受けることができます。」

エ　「発明を特許出願すべきか営業秘密として保護すべきかは，その発明が物の製造方法の発明かどうかによって決定すべきです。物の製造方法の発明は侵害発見性が高いため，特許出願をするのが望ましいと思います。」

解答解説

2. 正解: **イ**

ア 不適切

特許出願をした場合，その発明は強制的に公開されます。一方，その発明が第三者にとって容易に到達することができない技術の場合には，営業秘密として保護すれば，その技術を公開せずに済みます。したがって，発明を特許出願すべきか営業秘密として保護すべきかについて，その発明の新規性の有無だけで決定することは，適切ではありません。

イ 適切

発明を特許出願すべきか営業秘密として保護すべきかを決めるにあたり，その発明に基づいて事業化したときに，第三者がその発明に容易に到達できるかどうかを検討することは重要です。つまり，販売された製品から発明を技術的に理解できない場合には営業秘密として保護し，反対に第三者が容易に到達できる技術については，特許出願をするのが望ましいと考えられます。

ウ 不適切

先使用権（特79条）の立証がしやすいかどうかにかかわらず，将来において第三者が容易に到達することができない技術については，営業秘密として保護することも考えるべきです。

エ 不適切

物の製造方法の発明は，一般的に外部に公開されるケースが少ないので，同じ発明が実施されたとしても，その事実を発見する可能性が低いと考えられます。そのため，物の製造方法の発明については，その方法が第三者にとって容易に到達することができないのであれば，営業秘密として保護するほうが望ましいと考えられます。

・特許要件

> ①産業上利用できる発明であること
> ②新規性があること
> ③進歩性があること
> ④先に出願されていないこと
> ⑤公序良俗に反する発明や公衆衛生を害する発明ではないこと

・ 特許法２９条の２では，後に出願された発明が，先に出願された**明細書**，**特許請求の範囲**，**図面**に記載された発明と**同一**の場合は，先の出願が公開される前であっても，後の出願は特許を受けることはできないと規定されている

・ 新規性喪失の例外規定の適用を受けるためには，その発明が**公知となった日から１年以内**に**出願**しなければならない

学科問題

3

(42回　学科　問6)

　ア～エを比較して，特許法における新規性に関して，最も**不適切**と考えられるものはどれか。

ア　特許を受ける権利を有する者が，特許出願前に日本国内の学術講演会で発表した発明は，新規性を有しない。

イ　特許出願に係る発明は，特許出願後，出願公開前に外国において頒布された刊行物に記載された発明に対して新規性を有する。

ウ　特許出願前に外国のみにおいて電気通信回線を通じて公衆に利用可能となった発明は，新規性を有する。

エ　特許出願前に外国のみにおいて公然実施された発明は，新規性を有しない。

解答解説

3   正解: ウ

ア　適切

　特許を受ける権利を有する者が，特許出願前に日本国内の学術講演会で発表した発明は，特許出願前に日本国内で公然知られた発明に該当するため，新規性を有しません（特29条1項1号）。

イ　適切

　新規性の有無は，特許出願の時点で判断されます（特29条1項各号）。したがって，特許出願後であって，出願公開前に外国において頒布された刊行物に記載された発明については，特許出願時点で新規性を有します。

ウ　不適切

　特許出願前に日本国内又は外国において電気通信回線を通じて公衆に利用可能となった発明は，新規性を有しません（特29条1項3号）。

エ　適切

　特許出願前に日本国内又は外国において公然実施された発明は，新規性を有しません（特29条1項2号）。

4 ～ 5

甲は，自己がした LED を用いた照明器具に関する発明Aについて，2022 年 10 月 20 日に特許出願Pをした。特許出願Pの出願時の明細書及び特許請求の範囲の請求項1には，発明Aが記載されていた（請求項は1のみ）。**甲**が，出願審査請求をするかどうかを判断するために先行文献調査を行ったところ，次の事実1がわかった。

事実1　**乙**が発明者及び出願人であり，2021 年 4 月 23 日にドイツにおいて出願され，2022 年 10 月 25 日に出願公開された特許出願Qに係る特許公開公報（文献1）には，出願時の明細書にのみ発明Aがドイツ語で記載されていた。

以上を前提として，**問4～問5**に答えなさい。

4 特許出願Pについて，文献1を引用して拒絶されないと考えられる場合は「○」を，拒絶されると考えられる場合は「×」と答えなさい。

5 【理由群Ⅰ】の中から，問4において拒絶されない又は拒絶されると判断した理由として，最も適切と考えられるものを1つだけ選びなさい。

【理由群Ⅰ】

ア　拒絶理由には該当しないため

イ　新規性（特許法第 29 条第 1 項各号）の規定に違反するため

ウ　拡大先願（特許法第 29 条の 2）の規定に違反するため

エ　先願（特許法第 39 条）の規定に違反するため

解答解説

4 正解: 〇（拒絶されない）

5 正解: ア

　特許出願Pが出願された2022年10月20日の時点で，文献1は公開されていないので，特許出願Pの特許請求の範囲に記載された発明Aは，文献1によって新規性及び進歩性が否定されることはありません。したがって，特許出願Pは，文献1を引用して拒絶になることはありません。

特許法・実用新案法
3.特許調査とIPランドスケープ

重要Point

- 先願調査の目的には，他人の研究開発との重複を防ぐことや，特許等に関する紛争を防止する目的，新しい発明のヒントを得ることなどが挙げられる
- 調査をする場合は，調査したい技術内容の**キーワード**を特定し，さらに調査を的確にするためには，連想される**同義語**も加えるとよい
- 特許の技術分野の分類

国際特許分類(IPC)	世界共通の分類
FI(File Index)	IPCを細分化しているもの
Fターム	発明の目的,用途,材料などの観点から分類

- 特許出願は，原則として**出願日**から**1年6カ月**経過しなければ**公開**されないため，調査日から1年6カ月前までの出願については，原則として調査できない
- **特許マップ(パテントマップ)** は，技術開発や研究，経営の戦略立案の際に他社動向を把握するためのツールとして利用することができる

学科問題

6

(38回　学科　問6)

　ア～エを比較して，特許情報プラットフォーム（J-Platpat）を用いた特許調査のための検索手法に関して，最も適切と考えられるものはどれか。

ア Fターム，FI（File Index）を用いて検索する場合，具体的にどのように分類記号が付与されているかについて，正確な理解をしておくことが必要である。
イ 中国特許公報について，Fターム，FI（File Index）を用いて検索することができない。
ウ キーワード検索は，直感的でわかりやすく，同義語については特に考慮する必要はない。
エ Fタームは国際的に統一された特許分類であり，これを用いることによりノイズの少ない検索を行うことができる。

10

解答解説

6

正解: ア

ア　適切

　特許出願は，技術分野ごとに分類されます。FIは，日本特有の分類システムであって，分類記号によって特許出願を効率的に検索できるようにしたものです。また，Fタームは，FIの一定の範囲を複数の観点から分類した特許分類です。

　したがって，FタームやFIを用いて検索する場合は，具体的にどのような分類記号が付与されているかについて，正確に理解しておく必要があります。

イ　不適切

　FタームやFI（File Index）は，日本国特許庁が独自に設定した技術分類コードであり，日本の特許公報を検索する際に利用することができます。また，中国特許公報の一部は，Fターム及びFIが付与されているため，これらを用いて特許情報プラットフォーム（J-Platpat）で検索することができます。

ウ　不適切

　キーワード検索を行う場合は，的確かつ漏れのない調査を行うために，キーワードから連想される同義語も考慮すべきです。

エ　不適切

　上述イのとおり，Fタームは日本国特許庁が独自に設定した技術分類コードであり，国際的に統一された特許分類ではありません。なお，Fタームは，複数の技術的観点（目的，用途，構造，材料等）から国際特許分類を所定技術分野ごとに細かく再区分したものであり，Fタームを用いることによりノイズの少ない検索を行うことができます。

7

　ア～エを比較して，IPランドスケープを実行するために必要な情報として，最も適切と考えられるものはどれか。

ア　特許情報等の知財情報，研究論文情報等の技術情報及び株式情報やマーケット情報等のビジネス情報
イ　特許情報等の知財情報，研究論文情報等の技術情報
ウ　株式情報やマーケット情報等のビジネス情報
エ　研究論文情報等の技術情報

8

　ア～エを比較して，事業戦略や特許戦略に関して，最も**不適切**と考えられるものはどれか。

ア　IPランドスケープでは，知的財産に関する情報だけでなく，知的財産以外のニュースリリース情報なども取り入れて解析する。
イ　IPランドスケープは，研究開発部門や知的財産部門内で完結すべきものではなく，その結果を経営陣や事業責任者に提示すべきである。
ウ　事業戦略と特許戦略を関係づけて検討する場合，IPランドスケープを実行して検討する。
エ　パテントマップでは，研究開発が未着手の分野や，他社技術の強みや弱みを知ることはできない。

解答解説

7 正解: ア

　IPランドスケープの業務としては，以下の内容が挙げられます（特許庁HP：知財スキル標準（version2.0））。（1）知財情報と市場情報を統合した自社分析，競合分析，市場分析，（2）企業，技術ごとの知財マップ及び市場ポジションの把握，（3）個別技術・特許の動向把握，（4）自社及び競合の状況，技術・知財のライフサイクルを勘案した特許，意匠，商標，ノウハウ管理を含めた特許戦略だけに留まらない知財ミックスパッケージの提案，（5）知財デューデリジェンス，（6）潜在顧客の探索を実施し，自社の将来的な市場ポジションを提示する。

　以上の業務内容から，IPランドスケープを実行するためには，特許情報等の知財情報，研究論文情報等の技術情報及び株式情報やマーケット情報等のビジネス情報が必要となります。

8 正解: エ

ア　適切

　IPランドスケープでは，知的財産に関する情報だけでなく，ニュースリリース，論文，株式情報，マーケット情報などの知的財産以外の情報なども取り入れて解析します。

イ　適切

　IPランドスケープの目的は，経営陣や事業責任者に対し，経営戦略や事業戦略の立案に際して行った情報の分析の結果を提示することであり，研究開発部門や知的財産部門内で完結するものではありません。

ウ　適切

　上述のとおり，IPランドスケープは，知財情報及び非知財情報（マーケティング情報等のビジネス関連情報）を統合して分析した事業環境と将来の見通しを経営陣や事業責任者へ提示することを目的とします。このIPランドスケープを実行して，事業戦略と特許戦略を関係づけて検討することが重要であると考えられます。

エ　不適切

　パテントマップは，特許情報を整理・分析・加工してグラフ等にして可視化したものです。このパテントマップを利用することで，自社又は他社の特許保有数や出願数を分野別に把握することができ，研究開発が未着手である分野や，他社技術の強みや弱みを知ることができます。

9 (42回　実技　問25)

　音響機器メーカーX社の知的財産部の部員が，ライバル会社であるY社によって出願された特許出願Pに関する調査をすることが必要な理由について，説明している。**ア〜エ**を比較して，部員の発言として，最も**不適切**と考えられるものはどれか。

ア　「わが社の製品がY社の特許権を侵害することを防ぎ，差止めや損害賠償を請求されることがないようにするためです。」

イ　「わが社が，特許出願をする際，特許出願Pに係る発明を回避した内容にして権利化を確実にするためです。」

ウ　「Y社のどの製品にどの特許出願に係る発明が実施されているかを，発明の詳細な説明の実施例のところに具体的に記載することとなっていますので，それを確認するためです。」

エ　「特許出願Pの技術をわが社に導入する価値があるか見極め，場合によってはY社を提携先の候補とするためです。」

解答解説

9

ア　適切

　特許出願Ｐが特許を受けた場合，その特許出願Ｐの特許請求の範囲に記載された発明を実施する権利は，Ｙ社が独占することになります（特68条）。この場合，仮にＸ社がその特許発明を実施すると，Ｙ社から特許権を行使され，差止めや損害賠償を請求されます（特100条１項，民709条）。一方で，Ｙ社の特許出願Ｐを調査して特許権を侵害することを防いでおけば，差止めや損害賠償を請求されないようにすることができます。

イ　適切

　仮にＸ社が特許出願を行った発明が特許出願前に公知になっている他社の特許出願に記載されていた場合には，新規性欠如等を理由に拒絶されるため，権利化を断念しなければなりません（特29条１項３号，49条２号）。既に特許出願された発明を確認しておくことで，その発明を避けた内容で自らの特許出願ができるため，権利化をより確実にすることができます。

ウ　不適切

　発明の詳細な説明には，その発明の属する技術分野における通常の知識を有する者（いわゆる当業者）が，その発明を実施することができる程度に明確かつ十分に，発明の内容を記載する必要があります（特36条４項１号）。しかし，どの製品にどの特許出願に係る発明が実施されているかという情報を記載する必要はありませんので，特許出願に関する調査を行ってもそのような情報を確認することはできません。

エ　適切

　他社の特許出願に係る技術が自社にとって有用である場合，他社とライセンスや業務提携等を行って，その技術を自社の事業に生かすことができます。そのため，Ｙ社の特許出願に係る技術を評価し，Ｙ社と業務提携すべきかどうかを判断する上で，その特許出願を調査することは重要です。

 **実技問題**

10

　特許情報プラットフォーム（J-PlatPat）を用いて特許調査を実施した。特許・実用新案検索を選択し，複数の検索キーワードを用いて検索した。**ア～エ**を比較して，検索結果とそれに対応する追加の検索手法に関して，最も**不適切**と考えられるものはどれか。

ア　検索範囲が広すぎた場合には，適切な検索キーワードとAND検索を使用して，検索範囲を狭める。

イ　検索範囲が狭すぎた場合には，適切な検索キーワードとOR検索を使用して検索範囲を広げる。

ウ　検索結果にノイズが多かった場合には，適切な検索キーワードと検索オプションの「主テーマ」を使用してノイズを除外する。

エ　検索結果に漏れが多かった場合には，適切な検索キーワードとAND検索を使用して漏れを防ぐ。

特許法・
実用新案法

解答解説

10   正解: エ

ア　適切

　検索キーワードとAND検索を使用すると，検索結果を絞り込むことができますので，検索範囲が広すぎた場合には，適切な検索キーワードとAND検索を使用して検索範囲を狭めることが，適切です。

イ　適切

　検索キーワードとOR検索を使用すると，設定されたキーワードの少なくとも1つを含むものを抽出しますので，より多くの検索結果を確認することができます。したがって，検索範囲が狭すぎた場合には，適切な検索キーワードとOR検索を使用して検索範囲を広げることが，適切です。

ウ　適切

　検索キーワードを使用したとき，そのキーワードを含むものの調査対象技術とは無関係の検索結果（ノイズ）が生じることがあります。ノイズが多い場合には，適切な検索キーワードと検索オプションの「主テーマ」を使用し，主テーマに該当する技術分野の範囲でキーワード検索してノイズを除外することは，適切です。

エ　不適切

　検索キーワードとAND検索を使用すると，設定されたキーワードをすべて含むものを抽出します。つまり，検索結果に漏れが多かった場合に検索キーワードとAND検索を使用すると，検索結果が絞り込まれ，漏れを増やす可能性があるため，適切ではありません。

11

　化学繊維メーカーX社の知的財産部の部員**甲**は，新たな化学繊維を開発するにあたり，M&A によりシナジー効果を生み出す可能性の高い企業の買収を検討するために，IP ランドスケープを実施している。**ア～エ**を比較して，この場合の IP ランドスケープとして，最も適切と考えられるものはどれか。

ア　自社及び買収候補企業のそれぞれについて，縦軸に侵害発見性の高い順に技術を並べ，横軸にそれぞれの技術についての特許出願件数をとった図を作成して検討する。

イ　自社及び買収候補企業のそれぞれについて，縦軸に特許請求の範囲に係る請求項の数をとり，横軸にそれぞれの数についての特許出願件数をとった図を作成して検討する。

ウ　自社及び買収候補企業のそれぞれについて，縦軸にマーケットにおける技術評価の高い順に技術を並べ，横軸にそれぞれの技術についての特許出願件数をとった図を作成して検討する。

エ　自社及び買収候補企業のそれぞれについて，縦軸に過去20年の西暦年をとり，横軸にそれぞれの年についての特許出願件数をとった図を作成して検討する。

解答解説

11

正解: ウ

　企業の買収を検討する場合には，特許出願件数等の知財情報や市場情報に基づき，シナジー効果を生み出すと考えられる買収候補先の企業を見つけ出す目的でIPランドスケープを実施します。より高いシナジー効果を生み出すためには，マーケットにおける評価が高い技術について，自社の技術と組合せたときの技術の補完度が高くなるような買収候補先を見つけることが重要になります。この観点でIPランドスケープを実施する方法としては，例えば，自社及び買収候補先の企業のそれぞれについて，マーケットにおける技術評価の高さを縦軸にとって技術を分類し，特許出願件数を横軸にとって各技術の出願件数を把握することが，有効です。

　一方，侵害発見性，請求項の数，過去20年の西暦年等の情報では，買収によるシナジー効果を生み出すかどうかが分からず，これらの情報を観点としてIPランドスケープを実施することは，適切ではありません。

4.特許を受けることができる者

・発明者は**自然人**に限られ，会社等の**法人**が発明者になることはできない

・特許を受ける権利が**共有**の場合は，他の共有者と**共同**でなければ，特許出願をすることはできず，また他の共有者の**同意**を得なければ，各共有者はその**持分**を**譲渡**することもできない

・会社等の法人であっても，**特許を受ける権利**を譲り受ければ，特許出願をすることができる

・**職務発明**の要件

> ①従業者等がした発明であること
> ②その性質上，当該使用者等の業務範囲に属する発明であること
> ③発明をするに至った行為が，従業者等の現在または過去の職務に属すること

・従業者等のした**職務発明**について，使用者等は**特許を受ける権利**または**特許権の承継**等の予約をすることができる

・従業者等が職務発明について特許を受ける権利を使用者等に**譲渡**した場合，従業者等は**相当の金銭その他の経済上の利益（相当の利益）**を受ける権利を有する

学科問題

12

（37回　学科　問32）

ア～エを比較して，特許権における実施権，移転に関する次の文章の空欄 [1] ～ [3] に入る語句の組合せとして，最も適切と考えられるものはどれか。

特許権が共有となっている場合，共有者の同意は，第三者に専用実施権や通常実施権を許諾するには [1] であり，自己の持分を譲渡するには [2] であり，質権を設定するには [3] である。

ア [1] ＝不要　　[2] ＝必要　　[3] ＝必要

イ [1] ＝必要　　[2] ＝不要　　[3] ＝不要

ウ [1] ＝必要　　[2] ＝必要　　[3] ＝必要

エ [1] ＝不要　　[2] ＝不要　　[3] ＝不要

解答解説

12 正解: ウ

　特許権が共有に係るときは，各共有者は，他の共有者の同意を得なければ，その特許権について専用実施権を設定し，又は他人に通常実施権を許諾することができません（特73条3項）。また，各共有者は，他の共有者の同意を得なければ，その持分を第三者に譲渡し，又はその持分を目的として質権を設定することができません（特73条1項）。

13

　ア～エを比較して，職務発明に関して，最も適切と考えられるものはどれか。

ア　企業の取締役は，特許法に規定される「従業者等」に含まれない。

イ　従業者が完成した職務発明についてその従業者が特許権を取得した場合に，会社は職務発明に基づく法定通常実施権を取得できない。

ウ　従業者が職務発明を完成した場合であっても，当該従業者がその職務発明について特許を受ける権利を，その発生したときから有しないことがある。

エ　従業者が特許を受ける権利を会社に譲渡した場合，予め契約により定めのある場合に限り会社から相当の利益を受ける権利を得る。

解答解説

13　　　　　　　　　　　　　　　　　　　　　　　正解: ウ

ア　不適切

　企業の社長や取締役は経営者ということで，通常，従業者とは区別されますが，特許法においては，社長や取締役も「従業者等」に含まれます。

イ　不適切

　特許法には，職務発明についてその発明をした従業者等が特許を取得した場合には，使用者等はその特許権について通常実施権を取得する旨の規定があります（特35条1項）。

ウ　適切

　従業者がした職務発明について，契約や勤務規則等で予め使用者等に特許を受ける権利を取得させることを定めた場合には，その特許を受ける権利は，その発生した時から使用者等に帰属します（特35条3項）。つまり，職務発明を完成した従業者であっても，その職務発明について特許を受ける権利を，その発生した時に有しない場合があります。

エ　不適切

　予め定められた契約がある場合に限らず，勤務規則等により従業者が職務発明について特許を受ける権利を会社に譲渡した場合には，その従業者等は会社から相当の利益を受ける権利が得られます（特35条4項）。

14

ア～エを比較して，職務発明に関して，最も適切と考えられるものはどれか。

ア 職務発明についての相当の利益は，その会社を退職した後は請求することができない。

イ 職務発明に係る特許を受ける権利を会社に譲渡した従業者は，会社から相当の金銭その他の経済上の利益を受ける権利を得られる。

ウ 職務発明に係る特許を受ける権利をあらかじめすべて会社に承継させることを約束する契約は無効である。

エ 職務発明に該当するか否かを判断するための企業の業務範囲は，定款に記載されている業務に限られる。

解答解説

14　　　　　　　　　　　　　　　　　　　　　　　　　正解: イ

　職務発明とは，従業員がした発明のうち，発明の性質上，当該使用者の業務範囲に属し，かつ，その発明をするに至った行為がその使用者における従業者の現在又は過去の職務に属する発明をいいます（特35条1項）。

ア　不適切

　職務発明について特許を受ける権利や特許権を使用者に承継させた場合，従業者には，相当の金銭その他の経済上の利益（相当の利益）を受ける権利が与えられます（特35条4項）。さらに，会社を退職した後であっても，当該権利が時効により消滅する前であれば，その権利に基づいて相当の利益を請求することができます。

イ　適切

　上述アのとおり，職務発明について特許を受ける権利を使用者に承継させた場合，従業者は，相当の金銭その他の経済上の利益（相当の利益）を受ける権利を得られます（特35条4項）。

ウ　不適切

　使用者は，従業者がした職務発明について，あらかじめすべて会社に承継させることを約束する契約をすることができます。なお，職務発明に該当しない発明について，契約や勤務規則等においてすべて会社に承継させることを約束する契約は，無効となります（特35条2項）。

エ　不適切

　職務発明に該当するためには，従業員がした発明が，使用者の業務範囲に属することが必要です（特35条1項）。ここで，使用者等の業務範囲は，使用者である企業の定款の記載だけに限定されず，企業が現に行っている業務，及び将来具体的に実施が予定されている業務であれば該当します。

15

　衛生用品メーカーX社は，Y社と新製品Aの共同開発を検討している。**ア～エ**を比較して，X社の考えとして，最も**不適切**と考えられるものを1つだけ選びなさい。なお，共同開発をする場合における共同出願の契約においては，特許法の規定に関する特段の定めをしないものとする。

ア　X社とY社とが共同開発をして得られた発明において，X社の発明者が2名，Y社の発明者が1名であった場合であっても，共同出願に係るX社とY社の持分の比率は1対1となる場合がある。

イ　Y社が主担当，X社が副担当として共同開発をして得られた発明について共同出願をした場合，Y社は，X社の同意を得なくてもその共同出願に係る発明に関して他社に仮通常実施権を許諾することができる。

ウ　共同開発の内容が単にX社が必要とする部品をY社に作らせる委託開発である場合でも，相手に情報を出す前に秘密保持契約を検討しておくべきである。

エ　共同開発をする場合，その開発を開始する前に自社の関連する発明については，予め特許出願をしておくべきである。

解答解説

15   正解: イ

ア　適切

　共同出願に係る発明における発明者の数にかかわらず，共同出願に係る各共有者の持分の比率は，相等しいものと推定されます（民250条）。そのため，持分割合の協議が行われた場合を除き，共同出願に係るX社とY社の持分の比率は1対1となる場合があります。

イ　不適切

　共同出願の各共有者は，他の共有者の同意を得なければ，共同出願に係る発明について，他人に仮通常実施権を許諾することができません（特33条4項）。

ウ　適切

　共同開発の内容が，X社が必要とする部品をY社に作らせる委託開発である場合において，X社がY社に開示する情報が，Y社から漏洩するのを防止するために，その情報をY社に開示する前に秘密保持契約を締結しておくことは重要です。

エ　適切

　共同開発の開始前に自社が単独で発明を開発し，その発明の特許出願を行わずに他社との共同開発を開始してしまうと，自社単独で開発した発明であっても，共同開発の成果に含められる可能性があります。その場合には，他社と共同で特許出願しなければならず（特38条），特許権を取得した場合には他社と共有することになります。そのため，共同開発を開始する前に自社の関連する発明については，あらかじめ特許出願をしておくことが適切です。

16 (42回 実技 問22)

ア～エを比較して，職務発明に関して，最も**不適切**と考えられるものはどれか。

ア 甲は，工作機メーカーX社の商品開発部に所属し，新たな機能を有する工作機に関する発明を完成させた。X社の勤務規則には，職務発明について特許を受ける権利をX社が取得する規定が存在した。この場合，職務発明について特許を受ける権利は発生時からX社に帰属する。

イ 乙は，洗剤メーカーY社の取締役であり，従来の洗剤に比べて少量でも洗浄力が高い洗剤を完成させた。乙が完成させた発明は，職務発明に該当することがある。

ウ 丙は，食品メーカーZ社に在職中，食品に関する職務発明を完成させたが，当該発明に関する特許を受ける権利は，Z社に譲渡されなかった。この場合，丙が取得した特許権に対して，Z社は，無償の通常実施権を取得することになる。

エ 丁は，化学品メーカーW社で化学品を開発していたが，その後W社を退職し，転職先の化学品メーカーV社において新たな化学品の発明を完成させた。この場合，その化学品の発明はW社における職務発明に該当する。

🔍 **解答解説**

16

　職務発明とは，従業者等がその性質上当該使用者等の業務範囲に属し，かつ，その発明をするに至った行為が従業者等の現在又は過去の職務に属する発明をいいます(特35条1項)。

ア　適切

　甲が完成させた工作機の発明は，X社の業務範囲に属し，甲が現在の職務として行った発明であるので，X社の職務発明に該当します。そして，甲がした職務発明については，勤務規則等で予めX社に特許を受ける権利を取得させることを定めている場合には，その特許を受ける権利は，その発生時からX社に帰属することになります(特35条3項)。

イ　適切

　乙は，Y社の取締役であり，Y社の従業者等に該当し，また，乙が完成させた発明は，洗剤の発明であるため，洗剤メーカーY社の業務範囲に属します。したがって，乙が上記の発明をするに至った行為が，乙の現在又は過去の職務に属する場合には，乙が完成させた発明は，職務発明に該当することになります。

ウ　適切

　従業者が職務発明について特許権を取得した場合，使用者等は，その特許発明に関して無償の通常実施権を取得します(特35条1項)。したがって，丙が完成させた職務発明について当該職務発明に関する特許を受ける権利がZ社に譲渡されず，丙が特許権を取得した場合，Z社は，その特許発明に関して無償の通常実施権を取得することになります。

エ　不適切

　職務発明における「職務」とは，現在又は過去の職務も含まれますが，過去の職務に関しては，同一企業内に限られます。丁が化学品の発明を完成したのは，丁がW社を退職した後であるため，その化学品の発明はW社における職務発明には該当しません。

17

　文房具メーカーX社の**甲**は，筆記用具の開発部門担当の取締役である。**甲**は，速乾性に優れたインクを用いた万年筆Aを開発し，万年筆Aに係る発明Bを完成させた。また，取締役会で報告し，万年筆Aの製品名Cが決定された。**甲**は，その後，X社を退職し，Y社を設立した。Y社は，発明Bに係る特許出願をし，特許権を取得した。また，Y社は，指定商品を万年筆として，製品名Cについて，万年筆Aの販売開始前に商標登録出願をし，商標権を取得した。**ア～エ**を比較して，最も適切と考えられるものを1つだけ選びなさい。但し，X社，Y社のいずれにも職務発明の取扱に関する契約，就業規則等はないものとする。

ア　**甲**は，X社の取締役であったので，発明Bは職務発明に該当しない。

イ　X社が，万年筆Aに製品名Cを付して製造販売をする場合には，Y社から使用許諾を受ける必要はない。

ウ　X社が，万年筆Aを製造販売する場合に，Y社から実施許諾を受ける必要はない。

エ　Y社が，**甲**が新たに開発した発明Bの改良発明に係る特許を受ける権利を譲り受けた場合に，Y社は，**甲**に対して「相当の利益」を与える必要はない。

解答解説

17   **正解: ウ**

ア 不適切

特許法においては「法人の役員」も「従業者」に含まれますので，会社の取締役がした発明であっても，職務発明に該当すると考えられます（特35条1項）。

イ 不適切

Y社は製品名Cについて，指定商品を万年筆とする商標権を取得しています。商標権者であるY社は，指定商品について登録商標の使用をする権利を専有しますので（商25条），X社が万年筆Aに製品名Cを付けて製造販売する場合には，Y社から使用許諾を受ける必要があります。

ウ 適切

使用者等は，従業者等が職務発明について特許を受けたとき，又は職務発明について特許を受ける権利を承継した者が，その発明について特許を受けたときは，その特許権について通常実施権を有します（特35条1項）。本問では，甲がX社の取締役であるときに発明Bが完成していますので，X社は発明Bについて通常実施権を有します。したがって，X社はY社から実施許諾を受けずに万年筆Aを製造販売することができます。

エ 不適切

従業者等は，職務発明について使用者等に特許を受ける権利を譲渡した場合には，相当の利益を受ける権利を取得します（特35条4項）。なお，本問では，甲がY社を設立していますが，特許法においては，社長や取締役であっても，会社とは法律上別人格であると考えられ従業者等に該当します。

したがって，Y社は甲に対して相当の利益を与える必要があります。

5.特許出願の手続き

- 明細書の発明の詳細な説明は，**当業者**が，その発明を実施できる程度に**明確**かつ**十分**に記載しなければならない
- **発明の単一性**を満たしていれば，**複数の発明**を**一つの出願**に含めることができる
- **発明の単一性**とは，二以上の同一の，または対応する特別な技術的特徴を有しており，これらの発明が単一の一般的発明概念を形成するように連関している技術的関係をいう
- 特別な技術的特徴とは，発明の先行技術に対する貢献を明示する技術的特徴をいう
- **国内優先権**の主張を伴う特許出願に関する期間

出願	先の出願日から1年以内
出願公開	先の出願日から1年6カ月を経過したとき
出願審査請求	後の出願日から3年以内
存続期間	後の出願日から20年を経過するまで

学科問題

18

(42回　学科　問40)

　　ア～エを比較して，特許法に規定する国内優先権に関して，最も適切と考えられるものはどれか。

ア 国内優先権主張の基礎となる先の出願は，その出願の日から1年経過後に，取り下げたものとみなされる。

イ 先の出願の日から1年以内であれば，先の出願について放棄された後であっても，その出願に基づいて国内優先権を主張することができる。

ウ 先の出願の日から1年以内であっても，先の出願について出願公開請求をした後は，その出願に基づいて国内優先権を主張することはできない。

エ 先の出願の日から1年以内であっても，意匠登録出願を先の出願として国内優先権を主張することはできない。

解答解説

18　　　　　　　　　　　　　　　　　　　　　　　　　正解：エ

ア　不適切

　国内優先権主張の基礎となる先の出願は，その出願の日から1年4カ月経過後に，取り下げたものとみなされます（特42条1項，特施規28条の4第2項）。

イ　不適切

　先の出願の日から1年以内であっても，先の出願が放棄され，取り下げられ，又は却下されている場合には，国内優先権を主張して特許出願を行うことができません（特41条1項3号）。

ウ　不適切

　先の出願の日から1年以内であれば，先の出願について出願公開請求をした後であったとしても，国内優先権を主張して特許出願を行うことができます（特41条1項）。

エ　適切

　特許出願及び実用新案登録出願を先の出願として国内優先権の主張をすることはできますが，意匠登録出願を先の出願として国内優先権を主張することはできません（特41条1項柱書）。

実技問題

19 ~ 24

(45回　実技　問1〜問6)

　家電メーカーX社の開発者**甲**は，複数の車輪を独特な位置に取り付けた駆動装置 a と，駆動装置 a に特殊動作を行わせる制御装置 b と，駆動装置 a に組み合わせて用いる特殊形状のブラシ c からなる，新たな掃除ロボットAを発明した。知的財産部の部員**乙**は，掃除ロボットAについて特許出願Pの検討をするために，特許請求の範囲を作成した。

【特許請求の範囲】
【請求項1】駆動装置 a と，制御装置 b とを備える掃除ロボット。
【請求項2】駆動装置 a と，制御装置 b と，ブラシ c とを備える掃除ロボット。

　乙が，先行技術調査を行ったところ，駆動装置 a を備える掃除ロボットについては，既に文献Bに記載されていることが判明したが，その他の構成である制御装置 b，ブラシ c については，記載された文献を発見できなかった。その後，X社は，請求項1のみを記載して2023年2月10日に特許出願Pを行った。その後，Y社の特許出願Qが発見された。特許出願Qの出願日は2022年9月2日であり，出願公開されることなく，特許出願Pの出願後に設定登録された。特許出願Qの発明者は**丙**であり，特許請求の範囲及び明細書には，「駆動装置 a と，制御装置 b とを備える掃除ロボット」が記載されていることがわかった。

　以上を前提として，**問19〜問24**答えなさい。

19 作成した請求項1及び2の記載について，発明の単一性の要件を満たしていると考えられる場合は「○」を，発明の単一性の要件を満たしていないと考えられる場合は「×」と答えなさい。

20 【理由群Ⅰ】の中から，問19において満たしている又は満たしていないと判断した理由として，最も適切と考えられるものを1つだけ選びなさい。

【理由群Ⅰ】

ア 請求項1に係る発明と請求項2に係る発明とは発明の作用効果が相違しており，発明の単一性の要件を満たしていないため

イ 請求項1に係る発明と請求項2に係る発明は同一の特別な技術的特徴を有しており，発明の単一性の要件を満たしているため

ウ 請求項1に係る発明と請求項2に係る発明は同一の特別な技術的特徴を有しておらず，発明の単一性の要件を満たしていないため

---

21 乙が特許出願Pの出願書類を作成するに際して，文献Bを明細書に記載する必要があると考えられる場合は「○」を，必要はないと考えられる場合は「×」と答えなさい。

22 【理由群Ⅱ】の中から，問21において必要がある又は必要はないと判断した理由として，最も適切と考えられるものを1つだけ選びなさい。

【理由群Ⅱ】

ア 明細書の記載要件として先行技術に関する事項を記載することは求められていないので，記載する必要はないため

イ 明細書の記載要件として先行技術に関する事項を記載することが求められているので，記載する必要があるため

ウ 明細書の記載要件として先行技術に関する事項を記載することが求められているが，特許文献以外の場合は記載することが任意であるため

---

23 特許出願Pが，拒絶されないと考えられる場合は「○」を，拒絶されると考えられる場合は「×」と答えなさい。

24 【理由群Ⅲ】の中から，問23において拒絶されない又は拒絶されると判断した理由として，最も適切と考えられるものを1つだけ選びなさい。

【理由群Ⅲ】

ア 新規性がないこと（特許法第29条第1項各号）を理由に拒絶されるため

イ 新規性がないこと（特許法第29条第1項各号）以外の規定を理由に拒絶されるため

ウ 拒絶理由には該当しないため

解答解説

19 　　　　　　　　　　　　　正解: 〇(要件を満たしている)

20 　　　　　　　　　　　　　　　　　　正解: イ

　発明の単一性とは，二以上の発明が同一の又は対応する「特別な技術的特徴」を有していることにより，これらの発明が単一の一般的発明概念を形成するように連関している技術的関係を有していることをいいます(特施規25条の8第1項)。

　本問では，特許請求の範囲の請求項1及び請求項2には，いずれも「駆動装置a」と「制御装置b」を有する掃除ロボットが記載されています。ここで，「駆動装置a」を備える掃除ロボットについては，特許出願Pの出願前にすでに文献Bに記載されていたことから，駆動装置aは「特別な技術的特徴」とはなりえません。一方，「制御装置b」については，特別な技術的特徴を有する発明となりえます。このため，共通する技術的特徴を含む請求項1と請求項2は，発明の単一性の要件を満たすと考えられます。

21 　　　　　　　　　　　　　正解: 〇(記載する必要がある)

22 　　　　　　　　　　　　　　　　　　正解: イ

　特許出願を行おうとする発明に関して，出願時に特許出願人がその発明に関連した技術文献を知っている場合には，その技術文献の名称等を明細書に記載しなければなりません(特36条4項2号)。したがって，乙は特許出願Pの出願書類を作成するに際して，文献Bを明細書に記載する必要があると考えられます。

23 　　　　　　　　　　　　　　正解: ×(拒絶される)

24 　　　　　　　　　　　　　　　　　　正解: イ

　X社の特許出願Pの特許請求の範囲は，「駆動装置aと，制御装置bとを備える掃除ロボット」であり，特許出願Pよりも先に行われたY社の特許出願Qの特許請求の範囲と同一であって，特許出願Qは設定登録を受けているため，特許出願Pは，先願主義の規定により拒絶されます(特39条1項)。また，「駆動装置aと，制御装置bとを備える掃除ロボット」は，特許出願Qの明細書に記載されており，特許出願P，Qの間では出願人及び発明者が異なるため，特許出願Qが特許を受けた後に特許公報が発行された場合には，特許出願Pは，拡大先願の規定により拒絶されます(特29条の2)。

6.特許出願後の手続き

- 特許出願は，原則として**出願日**から**1年6カ月**を経過すると，**公開特許公報**に掲載され**公開**される
- 特許出願人は**出願公開後**から特許権の設定登録がされるまでの期間に，公開された発明を業として**実施**した者に対して，**補償金**の支払いを請求することができる
- 特許出願日から**3年**以内に**出願審査請求**がない場合は，その特許出願は取り下げたものとみなされる
- **補正**が認められると，補正した内容は**出願時**にしたものとみなされる
- **拒絶理由通知**には，**最初の拒絶理由通知**と**最後の拒絶理由通知**があり，最後の拒絶理由通知に対応する場合には，特許請求の範囲に関しては**請求項の削除**，**誤記の訂正**等の限定的な補正しかできない
- 補正は，その補正の前後において，**発明の単一性**の要件を満たしていなければならない

学科問題

（41回　学科　問1）

25

ア～エを比較して，特許出願後の手続に関して，最も**不適切**と考えられるものはどれか。

ア 拒絶理由が通知された場合にする特許請求の範囲の補正では，その補正の前後の発明が発明の単一性の要件を満たしている必要はない。

イ 最後の拒絶理由通知がされた場合であっても，拒絶理由通知に係る拒絶の理由に示す事項についてであれば，明りょうでない記載を明りょうな記載に補正をすることができる。

ウ 特許異議の申立てを受けた特許権者は，取消決定の前に特許請求の範囲を訂正する機会が与えられる。

エ 補正が認められると，補正をした内容は出願時に遡って効果が生じる。

666

666

666

666

666

666

666

666

666

666

666

解答解説

25

ア 不適切

拒絶理由通知を受けて特許請求の範囲について補正をするときは，その拒絶理由通知を受けた発明と，その補正後の発明とが発明の単一性の要件を満たすものとなるようにしなければなりません（特17条の2第4項）。

イ 適切

最後の拒絶理由通知がされた場合，その拒絶理由通知に係る拒絶理由に示す事項について，明りょうでない記載の釈明として，その記載を明りょうにする補正を行うことができます（特17条の2第5項第4号）。

ウ 適切

特許異議の申立てを受けた特許権者は，その特許に取消理由がある場合には取消決定の前に取消理由が通知され，意見書を提出する機会が与えられます（特120条の5第1項）。そして，特許権者は，意見書提出期間内に特許請求の範囲について訂正を請求することができます（特120条の5第2項）。

エ 適切

補正が認められると，その補正をした内容は出願時にさかのぼって効力が生じます。

26

　ア〜エを比較して，拒絶理由通知を受けた特許出願人の対応として，最も**不適切**と考えられるものはどれか。

ア　発明の進歩性を有していないという拒絶理由通知を受けたため，意匠登録出願に出願変更する。

イ　拒絶理由通知は，意見書を提出する機会を与えるための通知であるため，特許出願人は応答に際して，必ず意見書を提出しなければならない。

ウ　審査官が特許出願に係る発明の技術内容を誤って解釈したと思われるため，補正をすることなく，審査官の誤解を解消するために意見書のみを提出する。

エ　複数の請求項の一部について拒絶理由が通知されたため，その一部の請求項について出願を分割して新たな特許出願とする。

27

　大企業である事務用機器メーカーX社は，プロジェクタに関する発明について，特許請求の範囲に請求項1から請求項16（うち請求項1，請求項6，請求項11は独立項，その他は従属項）を記載した特許出願Pを2023年3月31日に出願し，出願と同時に出願審査請求することを検討している。この場合，出願及び出願審査請求のためにX社が必要な費用は何円か答えなさい。

特許法第195条関係別表及び特許法等関係手数料令より抜粋

納付しなければならない者	金額
特許出願をする者	1件につき14,000円
出願審査の請求をする者	1件につき138,000円に 1請求項につき4,000円を加えた額

解答解説

26　　　　　　　　　　　　　　　　　　　　　正解: イ

ア　適切

　発明の進歩性を有していないという拒絶理由通知を受けた場合，特許による保護から意匠による保護に切り替えるために，特許出願を意匠登録出願に出願変更することも可能です（意13条1項）。

イ　不適切

　拒絶理由通知は，意見書を提出する機会を与えるための通知です（特50条）。ただし，特許出願人は，拒絶理由通知に応答する際に，必ず意見書を提出しなければならないわけではなく，例えば手続補正書のみを提出することも可能です。

ウ　適切

　特許出願人は，拒絶理由通知の内容を読んで拒絶理由の妥当性を検討します。そして，審査官が特許出願に係る発明の技術内容を誤って解釈したと思われる場合には，補正をすることなく，審査官の誤解を解消するために意見書のみを提出することも可能です（特50条）。

エ　適切

　複数の請求項の一部について拒絶理由が通知された場合，拒絶理由が見つからなかった請求項について早期に特許を取得する理由から，拒絶理由が通知された請求項を元の特許出願から分割して新たな特許出願とすることができます（特44条1項）。なお，分割された新たな特許出願は，元の特許出願の時にしたものとみなされます（特44条2項）。

27　　　　　　　　　　　　　　　　　　　　正解: 216,000円

　特許出願をする者は，1件につき14,000円の手数料を納付しなければなりません。また，出願審査の請求をする者は，1件につき138,000円に1請求項につき4,000円を加えた額の手数料を納付しなければなりません（特195条2項別表1　特許法等関係手数料令）。

　本問では，請求項の数は16となります。よって，出願と同時に出願審査請求をするときに納付すべき費用は，14,000（円／件）＋138,000（円／件）＋4,000（円／請求項）×16 ＝ 216,000（円）となります。

7.特許査定と拒絶査定

重要Point

- 特許査定の**謄本送達日から30日以内**に**特許料**を**納付**しなければ，その特許出願は**却下**される
- 拒絶査定に不服がある場合には，**拒絶査定の謄本送達日から3カ月以内**に**拒絶査定不服審判**を請求することができる
- 拒絶査定不服審判の請求と同時に，明細書，特許請求の範囲または図面の**補正**を行った場合は，拒絶査定をした審査官により再度審査が行われる
- 拒絶査定不服審判の拒絶審決に対しては，**東京高等裁判所（知的財産高等裁判所）**に**審決取消訴訟**を提起することができる
- 拒絶査定の謄本送達日から3カ月以内であれば，拒絶査定不服審判を請求することなく，**分割出願**を行える

学科問題

28 （41回　学科　問15）

　　ア～エを比較して，特許法に規定する拒絶査定不服審判に関して，最も**不適切**と考えられるものはどれか。

ア　拒絶審決に対して不服がある場合，東京高等裁判所に審決取消訴訟を提起することができる。

イ　拒絶査定不服審判は，拒絶査定の謄本の送達があった日から3カ月以内に請求しなければならない。

ウ　拒絶査定不服審判は，特許出願人以外の者も請求することができる。

エ　拒絶査定不服審判は，3人又は5人の審判官による合議体で審理される。

解答解説

28   正解: ウ

ア　適切

拒絶審決に対して不服がある場合，東京高等裁判所に審決取消訴訟を提起することができます（特178条1項）。

イ　適切

拒絶査定不服審判は，原則として，拒絶査定の謄本の送達があった日から3カ月以内に請求しなければなりません（特121条1項）。

ウ　不適切

拒絶査定不服審判は，拒絶査定を受けた者のみが請求できるので（特121条1項），特許出願人以外の者は請求することができません。

エ　適切

拒絶査定不服審判は，審査官とは異なる3人又は5人の審判官の合議体により行われます（特136条）。

8.特許権の管理と活用

- ・特許権の存続期間は，**特許出願の日**から**20年**をもって終了する。ただし，医薬品等の場合や，特許の付与時期が遅延した場合には，**存続期間を延長**することができる
- ・特許権を4年目以降も維持するためには，**前年中**に特許料を納付しなければならない
- ・4年目以降の特許料の納付期限の経過後であっても**6カ月以内**であれば，倍額支払うことを条件に，**追納**することができる
- ・特許権侵害は，原則として，**特許請求の範囲**の各請求項において，**構成要素**として記載されたもののすべてが侵害対象物に含まれている場合に成立する
- ・**専用実施権**は特許庁に**登録**しないと効力は発生しないが，**通常実施権**は当事者間の**契約**のみで効力が発生する
- ・特許権が**共有**の場合は，他の共有者の**同意**を得なければ，専用実施権の設定や通常実施権の許諾をすることはできない
- ・特許権の譲渡は，特許庁に**移転の登録**をしなければ効力が発生しない

学科問題

29

（39回　学科　問33）

ア〜エを比較して，特許料の納付に関して，最も適切と考えられるものはどれか。

ア 設定登録の際に納める特許料を納付しない場合，補正命令が通知される。

イ 特許請求の範囲における請求項の数にかかわらず，特許料は一定である。

ウ 設定登録の際に納める特許料は，最初の3年分のみで足りる。

エ 設定登録の際に納める特許料は，特許査定の謄本が送達された日から60日以内に納付しなければならない。

特許法・
実用新案法

解答解説

29   正解: ウ

ア 不適切

設定登録の際に納める特許料を納付しないことは,補正命令に該当しないので(特17条3項各号),補正命令が通知されることはありません。なお,特許料を納付しない場合,その特許出願は却下されます(特18条1項)。

イ 不適切

特許料は,特許請求の範囲における請求項の数に応じて加算されるように規定されています(特107条1項)。

ウ 適切

特許権の設定登録の際に納める特許料は,第1年から第3年までの最初の3年分のみで足ります(特66条2項,108条1項)。

エ 不適切

設定登録の際に納める特許料は,特許査定の謄本が送達された日から30日以内に納付しなければなりません(特108条1項)。

30

　ア～エを比較して，特許権の存続期間に関して，最も適切と考えられるものはどれか。

ア　国内優先権の主張を伴う特許出願に係る特許権の存続期間は，当該特許出願の出願日から20年をもって終了する。

イ　特許権の存続期間は，当該特許権の設定の登録が，出願審査の請求があった日から起算して3年を経過した日以後にされたときに限り，延長登録の出願により延長することができる。

ウ　特許権の存続期間は，特許料の減免又は猶予がされたことを理由に短縮されることがある。

エ　特許権の存続期間は，医薬品等の特定分野の特許権に限り，3年を限度に延長登録の出願をすることができる。

解答解説

30　　　　　　　　　　　　　　　　　　　　正解: ア

ア　適切

　特許権の存続期間は，特許出願の日から20年をもって終了します（特67条1項）。ここで，国内優先権の主張を伴う特許出願に係る特許権については，当該特許出願の出願日から20年をもって存続期間が終了します。

イ　不適切

　特許権の存続期間は，当該特許権の設定の登録が，出願審査の請求があった日から起算して3年を経過した日又は特許出願の日から起算して5年を経過した日のいずれか遅い日以後にされた場合，延長登録の出願により延長することができます（特67条2項）。また，医薬品等の特定分野の特許権の存続期間は，その医薬品等の販売や製造の認可承認を得るまで特許発明を実施することができない期間があったときには，延長登録の出願により延長することができます（特67条4項）。

ウ　不適切

　わが国の特許法には，特許料の減免又は猶予がされたことを理由に特許権の存続期間を短縮するという規定は存在しません。

エ　不適切

　医薬品等の特定分野の特許権については，3年ではなく，5年を限度として延長登録の出願をすることができます（特67条4項）。

31

　ア～エを比較して，特許法に規定する実施権に関して，最も適切と考えられるものはどれか。

ア　専用実施権は，特許庁に備える特許登録原簿に登録しなくても効力が発生する。

イ　通常実施権は，特許庁に備える特許登録原簿に登録しなければ第三者に対抗できない。

ウ　特許権が共有に係る場合，一方の共有者は，他の共有者の同意なく単独で他人に通常実施権を許諾することができる。

エ　通常実施権は，内容，期間を限定して定めることができ，専用実施権も内容，期間を限定して定めることができる。

特許・
実用新案法

解答解説

31   正解: エ

ア　不適切

　専用実施権は，特許庁に備える特許登録原簿に登録しなければ，効力が発生しません(特98条1項2号)。

イ　不適切

　通常実施権は，特許庁に登録されていなくても通常実施権者が自らその権利を立証すれば第三者に対抗できるという「当然対抗制度」が導入されています(特99条)。

ウ　不適切

　特許権が共有に係る場合，各共有者は，他の共有者の同意を得なければ，他人に通常実施権を許諾することができません(特73条3項)。

エ　適切

　通常実施権及び専用実施権は，いずれも内容，地域，期間を限定して定めることができます(特77条2項，78条2項)。

32

　従業員6千人以上を擁するX社が，発明Aについて特許請求の範囲に請求項1から請求項10までを記載した特許出願Pをした。その後，出願審査請求をしたところ，特許請求の範囲について補正することなく，特許出願Pの出願日から4年後に特許査定の謄本が送達されてきた。X社では諸般の事情により，2022年2月に10年分の特許料をまとめて支払うこととした。この場合，X社が支払うべき費用は何円か答えなさい。

《参考》
特許法第107条

各年の区分	金額
第1年から第3年まで	毎年4,300円に一請求項につき300円を加えた額
第4年から第6年まで	毎年10,300円に一請求項につき800円を加えた額
第7年から第9年まで	毎年24,800円に一請求項につき1,900円を加えた額
第10年から第25年まで	毎年59,400円に一請求項につき4,600円を加えた額

解答解説

32   正解: **313,600円**

　各年分の特許料は，段階的に変化します（特107条，特施令8条2）。

　本問の場合，10年分の特許料をまとめて納付することになっており，その金額は，第1年から第3年までの特許料と，第4年から第6年までの特許料，第7年から第9年までの特許料，第10年の特許料の合計になります。

第1年から第3年までの特許料

　｛4,300＋300×10（請求項数）｝×3（年数）＝21,900

第4年から第6年までの特許料

　｛10,300＋800×10（請求項数）｝×3（年数）＝54,900

第7年から第9年までの特許料

　｛24,800＋1,900×10（請求項数）｝×3（年数）＝131,400

第10年の特許料

　59,400＋4,600×10（請求項数）＝105,400

9.特許権の侵害と救済

重要Point

- 先に出願された他人の特許発明を利用した発明について，特許権を取得した場合は，先願の特許権者から**許諾**を得なければ，自己の特許権であっても**実施**することはできない
- 特許法では，**損害賠償請求**において，侵害者に過失があったものと**推定**する規定があるため，特許権者が故意，過失を立証する必要はない
- **特許異議の申立て**は，**誰でも**することができるが，共同出願違反や**冒認出願**について申立てることはできない
- 特許異議の申立ては，特許掲載公報の発行日から**6カ月以内**にすることができる
- **特許無効審判**は，原則として**利害関係人**でなければ請求することができない
- 特許異議の申立ての取消決定や特許無効審判の無効審決が確定した場合は，その特許権は**初めから存在しなかった**ものとみなされる
- 特許権者は特許権の設定登録後に，明細書や特許請求の範囲，図面を自ら訂正するために，**訂正審判**を請求することができる

学科問題

33 （41回　学科　問36）

ア～エを比較して，特許権の侵害に関して，最も適切と考えられるものはどれか。

ア 特許権者は，権原のない第三者による当該特許権への侵害行為につき，損害賠償を請求する場合，当該第三者の過失を立証する必要はない。

イ 特許権者は，権原のない第三者が無断で特許発明に係る製品を試験的に販売している行為に対しては，権利行使をすることができない。

ウ 特許権者は，権原のない第三者が無断で特許発明に係る製品を無料で配布している行為に対しては，権利行使をすることができない。

エ 特許権者は，特許発明に係る製品を権原なく製造した者に対して権利行使をすることができるが，その製品を侵害品であることを知らずに購入した者が，その後，業として販売した行為に対しては，権利行使をすることができない。

解答解説

33   正解: ア

ア　適切

特許法では，特許権者が権原のない第三者による特許権の侵害行為に対して損害賠償を請求する場合，当該第三者に過失があったものと推定されます（特103条）。したがって，特許権者は，特許権の侵害行為をした第三者の過失を立証する必要はありません。

イ　不適切

試験又は研究の為の特許発明の実施に対して，特許権の効力は及びません（特69条1項）。ただし，試験又は研究とは，特許発明の技術的効果を確認するための試験又は研究を意味し，売れ行きを確認する試験販売は含まれません。したがって，権原のない第三者が無断で特許発明に係る製品を試験的に販売している場合には，特許権者はその販売行為に対して，権利行使をすることができます（特100条1項）。

ウ　不適切

特許権者は，権原なき第三者が業として特許発明を実施する行為に対して，特許権を行使することができます（特68条）。ここで，「業として」とは，「事業として」の意味であり，有償・無償を問いません。したがって，特許発明に係る製品を無料で配布している者に対して，特許権者は権利行使をすることができます。

エ　不適切

特許権者から正規に特許発明品を購入した場合は，特許権が消尽するため，購入者がその後に当該特許発明品を販売しても，特許権を行使することができません（最高裁　平成9年7月1日　第三小法廷判決）。ただし，侵害品であることを知らずに当該侵害品を購入した者が，その後に業として当該侵害品を販売した場合には，特許権は消尽しないので，特許権者はその販売行為に対して権利行使をすることができます。

34

　ア～エを比較して，特許権の行使に関して，最も**不適切**と考えられるものはどれか。

ア　特許権者は，特許権に基づく差止めを請求する際に，侵害の行為を組成した物の廃棄を請求することはできない。

イ　特許発明の構成要件の一部のみを実施する行為であっても，特許発明に係る物の生産にのみ用いる物を譲渡する場合には，特許権者はその譲渡を差し止めることができる。

ウ　特許権者以外の者が製造販売したその特許権を侵害する製品について，当該製品を購入した他人が当該製品を業として使用する場合，特許権者はその使用を差し止めることができる。

エ　後願の特許権に係る特許発明が，先願の特許権に係る特許発明を利用するものである場合において，先願の特許権者は，後願の特許権者の実施行為を差し止めることができる。

解答解説

34　　　　　　　　　　　　　　　　　　　　　　　　　　　　**正解: ア**

ア　不適切

　特許権者は，特許権に基づく差止めを請求する際に，その付帯請求として，侵害の行為を組成した物の廃棄を請求することができます(特100条2項)。

イ　適切

　特許発明の構成要件の一部のみを実施する行為であっても，特許発明に係る物の生産にのみ用いる物を譲渡する行為は，間接侵害となります（特101条1号）。また，間接侵害にあたる行為は特許権を侵害するものとみなされるため，特許権者はその物の譲渡を差し止めることができます(特100条1項)。

ウ　適切

　実施行為独立の原則により，特許発明品の製造，販売，使用等の行為のそれぞれについて，特許権侵害の成否が判断され，特許権の侵害行為に該当する行為のそれぞれに対して特許権を行使することができます。特許権の侵害品を購入する行為は，特許権の侵害行為には該当しませんが，購入した製品を業として使用する行為は，特許権の侵害行為に該当します。したがって，特許権者は，特許権の侵害品を購入した者がその侵害品を使用する行為を差し止めることができます(特100条1項)。

エ　適切

　他人の先願に係る特許発明を利用した発明は，たとえ特許権を得た場合であっても，先願に係る特許権者に無断で実施することができません（特72条）。先願の特許権者に無断で，後願の特許権者が当該特許発明を実施した場合には，先願の特許権者は，その後願の特許権者の実施行為を差し止めることができます（特100条1項）。

(39回 学科 問31)

35

ア〜エを比較して，特許無効審判に関して，最も**不適切**と考えられるものはどれか。

ア 特許無効審判は，特許権が消滅した後であっても請求することができる。

イ 特許無効審判に係る無効審決に対して，特許権者は不服を申し立てることができる。

ウ 特許無効審判に係る無効審決が確定しても，当該特許権は初めから存在しなかったものとみなされない場合がある。

エ 特許無効審判は，利害関係人でなくても請求することができる。

特許法・
実用新案法

解答解説

35

正解: エ

ア 適切

特許無効審判は，特許権が消滅した後であっても請求することができます（特123条3項）。

イ 適切

特許無効審判の無効審決に対して，特許権者は，東京高等裁判所に審決取消訴訟を提起することで，不服を申し立てることができます（特178条1項）。

ウ 適切

特許無効審判の無効審決が確定した場合には，原則として，当該特許権は初めから存在しなかったものとみなされます（特125条本文）。ただし，特許がされた後にその特許が条約に違反することになったケースなど，一定の無効理由に該当する場合において無効審決が確定したときは，特許権が，その無効理由に該当するに至ったときから存在しなかったとみなされます（特125条ただし書）。したがって，特許無効審判の無効審決が確定しても，当該特許権が初めから存在しなかったものとみなされない場合があります。

エ 不適切

特許無効審判は，原則として，特許権侵害で訴えられている者などの利害関係人に限り請求することができます（特123条2項）。

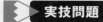

36　　　　　　　　　　　　　　　　　　　　　（44回　実技　問21）

　音響機器メーカーX社は，独自に開発したスピーカーAの製造販売を開始した
ところ，Y社が，スピーカーAに係る特許権Pを取得していたことがわかった。
ア～エを比較して，X社の知的財産部の部員**甲**の考えとして，最も**不適切**と考え
られるものを1つだけ選びなさい。

ア　X社に先使用権がある場合には，Y社に対して対価を支払うことによりスピ
　　ーカーAの製造販売を継続することができるので，先使用権の存在について
　　確認すべきである。
イ　特許権Pを無効にするための先行技術調査を行うべきである。
ウ　特許権Pについてライセンスを受けられないか，Y社と交渉することを検討
　　すべきである。
エ　特許権Pを侵害するかどうかの判断は技術及び法律の知識が必要となるため，
　　より正確な判断を行うためには，弁理士の鑑定や特許庁の判定を求めること
　　を検討すべきである。

解答解説

36

正解: ア

ア　不適切

先使用権があれば，他社に特許権がある場合でも，その特許発明を実施することができます（特79条）。さらに，先使用権があれば，その特許発明を実施するにあたり，特許権者に対価を支払う必要はありません。

イ　適切

Y社が有する特許権の特許出願より前に発行された文献を見つけ，その文献からY社の特許を無効にできる理由が見つけられれば，その特許を無効にすることを求める特許無効審判を請求することができます（特123条）。Y社の特許を無効にすることができれば，X社はスピーカーAを自由に製造販売することができるので，特許権を無効にするための資料を揃えるために，先行技術調査を行なうことは有効です。

ウ　適切

ライセンスを受けることができれば，他社の特許権を侵害することなくスピーカーAを製造販売することができます。したがって，特許権Pについてライセンスを受けられないか，Y社と交渉することを検討することは有用です。

エ　適切

自社が他社の特許権を侵害しているかどうかを判断するためには，自社の販売製品が他社の特許権の技術的範囲に属するかを判断する必要がありますが，その判断には，技術及び法律の知識を要します。そのため，より正確な判断を行うために，弁理士の鑑定や特許庁の判定を活用することを検討することは有効です。

　文房具メーカーX社に対して，Y社から，X社がY社の特許権の侵害をしている旨の警告書が送られてきた。**ア～エ**を比較して，X社の知的財産部の部員の発言として，最も適切と考えられるものはどれか。

ア　「Y社は，消しゴムの発明に係る特許権Pを取得しています。確かにわが社は，特許権Pに係る特許発明の技術的範囲に属する消しゴムを製造しましたが，消しゴムの販売目的でパンフレットを作成して顧客に配布しているだけで，まだ消しゴムを販売していないので，わが社の行為は，特許権Pの侵害に該当しません。」

イ　「Y社は，消しゴムの発明に係る特許権Qを取得しています。確かにわが社は，特許権Qに係る特許発明の技術的範囲に属する消しゴムを製造しています。しかし，その原料一式はすべてY社から購入したものであるので，わが社の行為は，特許権Qの侵害に該当する場合はありません。」

ウ　「Y社は，消しゴムを製造する装置の発明に係る特許権Rを取得しています。わが社は，その消しゴムを製造する装置をY社から購入して，その装置により製造した消しゴムを販売しているだけであるので，わが社の行為は，特許権Rの侵害に該当しません。」

エ　「Y社は，消しゴムの製造方法の発明に係る特許権Sを取得しています。わが社は，W社が無断で特許権Sに係る発明を使って製造した消しゴムを仕入れて販売しています。わが社はW社から仕入れたものを単に販売しているだけですので，わが社の行為は，特許権Sの侵害に該当しません。」

解答解説

37　　　　　　　　　　　　　　　　　　　　　**正解: ウ**

　特許権の侵害とは，正当な権原なき第三者が，業として特許発明を実施する行為であり，特許発明の技術的範囲に属する製品を，無断で生産，使用，譲渡等，輸出，輸入，譲渡等の申し出をしたり，方法を使用したりすることです（特101条）。

ア　不適切

　X社がY社の特許権Pに係る消しゴムを販売する目的でパンフレットを配布する行為は，特許発明の技術的範囲に属する製品についての譲渡等の申し出に該当するので（特2条3項1号），特許権Pの侵害行為に該当します。

イ　不適切

　原料をどこから購入したかに関係なく，特許発明の技術的範囲に属する製品を無断で生産することは，その特許権の侵害に該当します。

ウ　適切

　特許権者が正当に特許製品を販売等した時点で，その特許製品についての特許権はその目的を達したとして，その後にその製品を使用等する行為に対しては，特許権の効力が及びません。これを特許権の消尽といいます（最高裁　平成9年7月1日　第三小法廷判決）。本問では，X社がY社の装置を正規に購入しているため，特許権の消尽により，その後にX社が購入したY社の装置を使用して消しゴムを製造，販売する行為は，特許権の侵害に該当しません。

エ　不適切

　特許権Sに係る消しゴムの製造方法を無断で使用する行為，その製造方法を使用して製造された消しゴムを販売する行為等は，それぞれ，特許権Sの侵害行為に該当します（特2条3項3号）。ここで，各侵害行為は，特許権の効力上独立して成立します。これを「実施行為独立の原則」といいます。したがって，X社がW社から仕入れた消しゴムを単に販売しているだけだとしても，その消しゴムが特許権Sに係る製造方法を無断で使用することによって製造されたものである以上，X社の行為は，特許権Sの侵害行為に該当します。

38

　ア～エを比較して，医薬品メーカーX社の知的財産部の部員の考えとして，最も**不適切**と考えられるものはどれか。

ア　X社がY社の特許権を侵害している可能性があることが判明した場合，Y社に対してライセンス交渉の申入れを行う前に，Y社がX社の特許権を侵害していないかについて，十分な調査と検討を行うべきである。

イ　X社がY社の特許権を侵害している可能性があることが判明した場合，Y社に対して，特許無効審判を請求すると，X社がその特許権に何らかの関係があることがわかってしまうので，X社とは直接関係のない会社の名義で特許無効審判を請求するべきである。

ウ　新規事業を開始するにあたっては，ライバル会社の特許権だけでなく，係属中の特許出願についても権利化の可能性，自社事業への影響などについて，十分な調査と検討を行うべきである。

エ　X社がY社の特許権を侵害している可能性があることが判明した場合，Y社に対して，特許異議の申立てを行うと，X社が当該特許権を侵害している可能性を示唆することとなるので，X社とは直接関係のない個人名で特許異議の申立てをすることを検討する。

解答解説

38   正解: イ

ア 適切

自社が他社の特許権を侵害している可能性があることが判明した場合，他社に対してライセンス交渉の申入れを行う前に，他社が自社の特許権を侵害していないかについて調査し，他社が自社の特許権を侵害している場合には，クロスライセンスを持ち掛ける等，自社の特許権を交渉材料として自社にとって有利な条件でライセンス交渉を進められるように検討する必要があります。

イ 不適切

自社が他社の特許権を侵害している可能性があることが判明した場合の対策として，特許無効審判が考えられます。ただし，特許無効審判の請求人は，原則として，その特許権に何らかの関係がある利害関係人に限られているので（特123条2項），自社とは関係のない会社の名義で特許無効審判を請求することはできません。

ウ 適切

新規事業を開始するにあたっては，現存するライバル会社の特許権だけではなく，現在係属中の特許出願のうち，今後に権利化する可能性があるものや自社事業への影響などについても調査を行う必要があります。

エ 適切

自社が他社の特許権を侵害している可能性があることが判明した場合の対策として，特許異議の申立てが考えられます。ただし，自社の名義で特許異議の申立てを行うと，自社がその特許権に何らかの関係があることが他社にわかってしまうおそれがあります。そこで，特許異議の申立てが何人も行えることを踏まえて（特113条），自社とは関係ない会社の名義で特許異議の申立てを行うことを検討する必要があります。

39

　ア～エを比較して，特許に関するリスクマネジメントを行う観点として，最も適切と考えられるものを1つだけ選びなさい。

ア　自社製品と他社の特許発明とを比較した場合，構成要素が異なり，その異なる構成要素が特許発明の本質的な部分でない場合には，他社の特許権の侵害とされることはない。

イ　特許権者から購入した部品を使って製品を製造販売する場合，当該部品について当該特許権者から許諾を受ける必要はない。

ウ　新規事業に関して，特許調査により障害となり得る他社の特許権が発見されても，当該新規事業を開始していない段階では，利害関係人とはいえないので，特許無効審判を請求することはできない。

エ　特許権の存続期間終了後に製造販売することを目的として，特許権の存続期間中に特許発明の技術的範囲に属する医薬品，いわゆる後発医薬品を生産し，これを使用して薬事法に規定する製造承認のために必要な試験を行うことは，試験又は研究のためにする特許発明の実施に該当することはない。

解答解説

39   正解: イ

ア　不適切

　自社製品と他社の特許発明とで構成要素が異なっていても，その異なる構成要素が特許発明の本質的な部分でなく，いわゆる均等物に置き換えたものであれば，他社の特許権の侵害とされる場合があります（最高裁　平成10年2月24日　第三小法廷判決）。

イ　適切

　特許権者から正当に特許製品を購入した場合には，その特許製品についての特許権が消尽することになり，その後にその製品を使用等する行為には，特許権の効力が及びません（最高裁　平成9年7月1日　第三小法廷判決）。したがって，特許権者から購入した部品を使って製品を製造販売する場合には，その部品の特許権が消尽しているので，特許権者から許諾を受ける必要はありません。

ウ　不適切

　特許発明と同一である発明を実施している者，実施していた者，将来実施する可能性がある者は，当該特許発明に係る特許権についての利害関係人に該当します（審判便覧31−02）。したがって，特許調査により障害となり得る他社の特許権が発見された場合，その特許発明を用いた事業をまだ実施していなくとも，将来実施する可能性があれば，利害関係人に該当し，特許無効審判を請求することができます（特123条2項）。

エ　不適切

　特許権の存続期間終了後に製造販売することを目的として特許権の存続期間中に特許発明の技術的範囲に属する医薬品（後発医薬品）を生産して薬事法の製造承認のために必要な試験を行う行為は，試験又は研究のためにする特許発明の実施に該当します（最高裁　平成11年4月16日　第二小法廷判決）。

特許法・実用新案法
10.実用新案法

重要Point

- **実用新案法**の保護対象は,物品の形状,構造または組合せに係る**考案**であって,**方法の考案**は保護対象ではない
- 実用新案登録出願については,実用新案登録を受けるための要件を満たしているかどうかの**実体的**な**審査**は行われない
- 実用新案権を行使するには,**実用新案技術評価書**を**提示**して**警告**しなければならない

学科問題

40

(40回　学科　問27)

ア～エを比較して,実用新案法の保護対象に関する次の文章の空欄 1 ～ 5 に入る語句の組合せとして,最も適切と考えられるものはどれか。

実用新案法では,保護対象を「 1 の 2 ,構造,又は 3 に係る考案」に限定しており, 4 の考案は保護対象とならない。実用新案法では,早期に権利を付与することに重点が置かれており, 5 審査をせずに迅速に権利を付与している。

ア 1 ＝物体　 2 ＝外観　 3 ＝結合
　　 4 ＝製法　 5 ＝方式

イ 1 ＝物体　 2 ＝形状　 3 ＝組合せ
　　 4 ＝製法　 5 ＝実体

ウ 1 ＝物品　 2 ＝外観　 3 ＝結合
　　 4 ＝方法　 5 ＝方式

エ 1 ＝物品　 2 ＝形状　 3 ＝組合せ
　　 4 ＝方法　 5 ＝実体

解答解説

40   正解: エ

　実用新案法では，保護対象を「物品の形状，構造，又は組合せに係る考案」に限定しており，特許法では保護対象となっている「方法の考案」は保護対象とはなりません（実1条，2条1項）。

　また，実用新案法では，早期に権利を付与することに重点が置かれているため，特許法とは異なり，「実体審査」をせずに早く権利を付与しています（実14条2項）。

意匠法

意匠法
11.意匠法の保護対象と登録要件

重要Point

- **意匠**とは，**物品**(物品の**部分**を含む)の**形状**，**模様**もしくは**色彩**もしくはこれらの**結合**，**建築物の形状等**または**画像**であって，**視覚**を通じて**美感**を起こさせるものである
- **物品**とは，市場で流通する形のある**動産**をいい，土地や不動産は物品に該当しない
- **モニター画面に表示する画像**であっても，物品の操作用に供される画像であって，当該物品またはこれと一体として用いられる物品に表示されるものは意匠に含まれる
- 先願意匠の調査には，**日本意匠分類**や**Dターム**などの分類を利用することができる

学科問題

41

(42回　学科　問30)

　ア～エを比較して，意匠登録を受けることができる可能性のあるものとして，最も適切と考えられるものはどれか。

ア　物品の機能を確保するために不可欠な材質で構成された物品に係る意匠
イ　工業上利用することができない意匠
ウ　公の秩序又は善良の風俗を害するおそれがある意匠
エ　他人の業務に係る物品と混同を生じるおそれがある意匠

解答解説

41   正解: ア

ア　適切

　意匠登録の要件を満たす意匠であっても，物品の機能を確保するために不可欠な形状のみからなる意匠は，意匠登録を受けることができません（意5条3号）。しかし，物品の機能を確保するために不可欠な材質のみからなる意匠が，「機能を確保するために不可欠な形状のみからなる意匠」に該当するとは限らないため，意匠登録を受けられる可能性があります。

イ　不適切

　意匠法では，工業上利用することができる意匠について意匠登録を認めています（意3条1項柱書）。したがって，工業上利用することができない意匠は，意匠登録を受けることができません。

ウ　不適切

　公の秩序又は善良の風俗を害するおそれがある意匠は，意匠登録を受けることができません（意5条1号）。

エ　不適切

　他人の業務に係る物品と混同を生ずるおそれがある意匠は，意匠登録を受けることができません（意5条2号）。

42

(41回　実技　問25)

　自動車メーカーX社は，自動車Aを新たに発売しようとしている。**ア〜エ**を比較して，X社の考えとして，最も**不適切**と考えられるものはどれか。

ア　自動車Aは，運転席及び助手席側のドア，後部座席側のドア及びトランク室のドアがハヤブサを意識したデザインコンセプトで統一されており，さらに，そのデザインコンセプトを他の自動車にも適用する予定なので，そのデザインコンセプトのみについて意匠登録出願をすることとした。

イ　自動車Aは，全体に施された色の結合の斬新さが特徴的で，このような色の結合は，他の業務用自動車等にも同様に用いることができるが，この色の結合そのものについて意匠登録を受けることはできない。

ウ　自動車Aは，その一部であるバンパーの形状が特徴的なので，そのバンパーについて意匠登録出願をすることとした。

エ　自動車Aは，ドアに独特な装飾がされた文字が施されているが，文字そのものについて意匠登録を受けることはできない。

解答解説

42　　　　　　　　　　　　　　　　　　　　正解: ア

ア　不適切

意匠法上の意匠は，物品又は建築物の形状等についての創作でなければならず，物品又は建築物と形状等とは一体不可分であることから，デザインコンセプト自体は意匠とは認められません。したがって，デザインコンセプトのみについて意匠登録を受けることはできません。

イ　適切

物品等自体の形状等を離れた色彩のみの創作は意匠とは認められません。したがって，たとえ色の結合の斬新さに特徴があっても，色の結合そのものについて意匠登録を受けることはできません。

ウ　適切

物品の独創的で特徴ある部分に係る意匠について，部分意匠として出願することで意匠登録を受けることができます（意2条1項かっこ書）。したがって，自動車Aのバンパーの形状は，登録要件を満たす場合には，意匠登録を受けることができます。

エ　適切

意匠法上の意匠は，物品又は建築物の形状等についての創作でなければならず，物品又は建築物と形状等とは一体不可分であることから，物品又は建築物を離れた形状等のみの創作は，意匠法の保護対象である意匠には該当しません。よって，文字そのものについて意匠登録を受けることはできません。

12.意匠登録を受けるための手続き

- 意匠登録出願をする際，**願書**には，出願人や創作者の氏名および意匠に係る**物品**を記載しなければならない
- 意匠登録出願は，原則として，経済産業省令に定めるところにより，意匠ごとにしなければならない。これを，**一意匠一出願の原則**という
- 意匠法の**職務創作**の規定は，特許法の職務発明とほぼ同一の内容で規定されている
- 意匠登録出願では，設定登録後に発行される**意匠公報**によりはじめて意匠が**公開**される
- 意匠登録出願において，**補正**が却下された場合は，その補正却下決定の**謄本送達日から3カ月以内**に，**補正却下決定不服審判**を請求することができる
- **特殊**な意匠登録出願には，**部分意匠**，**動的意匠**，**組物の意匠**，**関連意匠**，**内装の意匠**，**秘密意匠**がある

学科問題

43

(42回　学科　問18)

　ア～エを比較して，意匠法に規定されている制度に関して，最も適切と考えられるものはどれか。

ア 動的意匠制度とは，外部からの力によってのみ物品の形状が変化する場合において，その変化の前後にわたる意匠について登録できる制度である。

イ 秘密意匠制度とは，意匠権の設定の登録の日から1年以内の期間を指定して，その期間その意匠を秘密にすることを請求することができる制度である。

ウ 組物の意匠制度とは，全体として統一がある場合には，同時に使用されない物品であっても一意匠として登録できる制度である。

エ 部分意匠制度とは，物品の部分が独立して取引の対象とならない場合であっても，当該物品の部分について，意匠登録できる制度である。

解答解説

43
正解: エ

ア 不適切

動的意匠制度とは，意匠に係る物品等の形状等がその物品等の有する機能に基づいて変化する場合に，動的意匠として，その変化の前後にわたる意匠の形状等を一出願で登録を受けることができる制度です（意6条4項）。つまり，「外部からの力によって変化する場合」に限られません。

イ 不適切

秘密意匠制度とは，意匠登録出願人が，意匠権の設定登録日から3年以内の期間を指定して，その期間その意匠を秘密にすることができる制度です（意14条）。

ウ 不適切

組物の意匠制度とは，同時に使用される二以上の物品，建築物又は画像であって，経済産業省令で定めるものを構成する物品，建築物又は画像に係る意匠について，組物全体として統一がある場合には，一出願で意匠登録を受けることができる制度です（意8条）。したがって，「同時に使用されない物品」に関してこの制度を利用することはできません。

エ 適切

独創的で特徴ある物品の部分について，物品の部分が独立して取引の対象とならない場合であっても，部分意匠として保護を受けることができます（意2条1項かっこ書）。

44

　食器の販売会社であるＸ社は，来年の春に発売予定のマグカップの製作をＹ社に依頼した。Ｙ社は斬新な持ち手の異なる形状を有するマグカップを複数試作し，Ｘ社に提案した。Ｙ社がデザインしたマグカップの持ち手の形状はそれぞれ類似するものであったが，Ｘ社はこの複数のデザインの中から１つを選び，発売する予定である。**ア～エ**を比較して，Ｘ社の考えとして，最も適切と考えられるものはどれか。

ア　マグカップの製作をＹ社に委託したのはＸ社であり，当然にＸ社が意匠登録を受ける権利を有するので，Ｘ社は単独で意匠登録出願をして意匠登録を受けることができる。

イ　マグカップの持ち手の形状は斬新であるが，この持ち手の部分のみについて意匠登録出願をして意匠登録を受けることはできない。

ウ　複数のマグカップについて，関連意匠による意匠登録出願をする場合には，各意匠登録出願を同日に出願しなくともよい。

エ　発売予定のマグカップについてできるだけ早期に意匠登録出願をして，出願と同時に出願審査請求をすべきである。

解答解説

44　　　　　　　　　　　　　　　　　　　　　　　　**正解: ウ**

ア　不適切

　意匠登録を受ける権利は，意匠を創作した創作者が勤めるＹ社に帰属しますので，Ｘ社は意匠登録を受ける権利を有しません（意3条1項柱書）。したがって，Ｘ社はＹ社から意匠登録を受ける権利を譲り受けなければ，単独で意匠登録出願をして意匠登録を受けることができません（意15条2項で準用する特33条1項，意17条4号）。

イ　不適切

　物品の部分の形状，模様もしくは色彩又はこれらの結合であって，視覚を通じて美観を起こさせるものは，部分意匠（意2条1項かっこ書）として意匠登録出願することができます。本問の場合，マグカップの持ち手の斬新な形状について，部分意匠として意匠登録出願することができます。

ウ　適切

　本意匠の意匠登録出願の日以後であって，本意匠の意匠登録出願の日から10年経過する日前に限り，その関連意匠の意匠登録出願をすることができます（意10条1項）。したがって，関連意匠すべての意匠登録出願を同日の出願日としなくとも，所定の期間内であれば出願することができます。

エ　不適切

　特許法に規定される出願審査請求のような制度は，意匠法では規定されていませんので，審査請求をしなくとも実体審査がなされます（意16条）。

重要Point

- 意匠権は，登録査定の**謄本送達日から30日以内**に，**第1年分の登録料**を納付すると**設定登録**がされ権利が発生する
- 意匠権の存続期間は**意匠登録出願の日**から**25年**で終了する
- 意匠権を2年目以降も存続させたい場合は，**前年以前**に登録料を納付しなければならないが，期限経過後であっても，**6カ月以内**であれば**追納**することができる
- 意匠の**類否判断**は，**需要者**の**視覚**を通じて起こさせる**美感**に基づいて行われると規定されている
- 意匠法でも，**職務創作**や**先使用者**による**通常実施権**が認められている

学科問題

45
（46回　学科　問21）

ア～エを比較して，登録意匠の範囲に関して，最も**不適切**と考えられるものはどれか。

ア　登録意匠の範囲は，願書の記載及び願書に添付した図面に記載され又は願書に添付した写真，ひな形若しくは見本により現わされた意匠に基づいて判断される。

イ　出願当初の願書の記載や図面などの要旨を変更する補正があったものと意匠権の設定の登録があった後に認められたときは，その意匠登録出願は，その補正について手続補正書を提出した時にしたものとみなされる。

ウ　登録意匠と類似するか否かの判断は，創作者の視覚を通じて起こさせる美感に基づいて行う。

エ　登録意匠に類似する意匠について，意匠権者は独占排他的に実施することができる。

解答解説

45　　　　　　　　　　　　　　　　　　　　　　　　　　　**正解: ウ**

ア　適切

　登録意匠の範囲は，願書の記載及び願書に添付した図面や写真等により現わされた意匠に基づいて判断されます（意24条1項）。

イ　適切

　出願当初の願書の記載や図面などの要旨を変更する補正があったものと意匠権の設定の登録があった後に認められたときは，その意匠登録出願は，その補正について手続補正書を提出した時にしたものとみなされます（意9条の2）。

ウ　不適切

　登録意匠とそれ以外の意匠が類似であるか否かの判断は，創作者ではなく，需要者の視覚を通じて起こさせる美感に基づいて行われます（意24条2項）。

エ　適切

　意匠権者は，業として登録意匠だけでなく，登録意匠に類似する意匠についても実施をする権利を専有しています（意23条）。

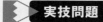

46

　傘メーカーX社は，物品「傘」に係る形状等Aについての意匠権を有している。
ア～エを比較して，当該意匠権の効力が及ぶものとして，最も適切と考えられる
ものを1つだけ選びなさい。

ア　形状等Aと類似する形状等Bである幼児用傘

イ　形状等Aと類似する模様Cが描かれたハサミ

ウ　形状等Aと同一の形状等Dである傘の形状をしたビスケット

エ　形状等Aとは非類似の形状等Eであるが，X社と出所の混同を生ずるおそれ
　　がある傘

解答解説

46

　意匠権者は，業として登録意匠及びこれに類似する意匠を実施する権利を専有します（意23条）。ここで，意匠の類否とは，物品等及び形状等の両面から判断され，対比する意匠の物品等と形状等が同一の場合には同一の意匠となります。また，物品等及び形状等のいずれかが類似，あるいは両方が類似する場合は意匠の類似と判断されます。

ア　適切

　形状等Ａと類似の形状等Ｂである幼児用傘は，登録意匠とは類似であるので，Ｘ社の意匠権の効力が及びます。

イ　不適切

　形状等Ａと類似する模様Ｃが描かれたハサミは，傘とは非類似の物品であるので，登録意匠とは非類似であり，Ｘ社の意匠権の効力は及びません。

ウ　不適切

　形状等Ａと同一の形状等Ｄである傘の形状をしたビスケットは，傘とは非類似の物品であるので，登録意匠とは非類似であり，Ｘ社の意匠権の効力は及びません。

エ　不適切

　形状等Ａとは非類似の形状等Ｅである傘は，登録意匠とは非類似であり，Ｘ社と出所の混同を生ずるおそれがあっても，Ｘ社の意匠権の効力は及びません。

14.意匠権の侵害と救済

重要Point

- 意匠権の効力は，登録意匠と**同一**および**類似**する範囲にまで及ぶ
- 自己の登録意匠と先に出願された他人の登録意匠の類似範囲が重なるときは，自己の登録意匠の範囲であっても，重複する範囲の実施が**制限**される
- 意匠登録出願と特許出願では，先後願関係がないため，一つの製品について**意匠権**と**特許権**が存在する場合がある
- 意匠権者は，意匠権を侵害する者に対して，**差止請求**，**損害賠償請求**，**不当利得返還請求**，**名誉回復措置請求**をすることができる
- 意匠法では，**意匠登録無効審判**の制度は規定されているが，**登録異議の申立て**の制度は規定されていない

学科問題

47

（43回 学科 問32/改）

ア～エを比較して，意匠権に関して，最も**不適切**と考えられるものはどれか。

ア 登録意匠に係る物品の製造に用いる物品であって，その登録意匠の視覚を通じた美感の創出に不可欠なものにつき，その意匠が登録意匠であること及びその物品がその意匠の実施に用いられることを知りながら，業として，その物品を譲渡する行為は，意匠権を侵害するものとみなされない。

イ 意匠権者は，本意匠の意匠権と関連意匠の意匠権を有している場合，当該関連意匠の意匠権に基づいて権利行使をすることができる。

ウ 意匠の実施に該当する行為は意匠法に規定されており，意匠に係る物品を製造する行為はこれに含まれる。

エ 他人の特許権と，意匠権のうち登録意匠に係る部分とが抵触している場合には，特許発明又は登録意匠の実施が制限される。

解答解説

47   正解: ア

ア　不適切

　登録意匠に係る物品の製造に用いる物品（日本国内において広く一般に流通しているものを除く）であって，その登録意匠の視覚を通じた美感の創出に不可欠なものにつき，その意匠が登録意匠であること及びその物品がその意匠の実施に用いられることを知りながら，業として，その物品を譲渡する行為は，意匠権を侵害するもの（間接侵害行為）とみなされます（意38条2号イ）。

イ　適切

　本意匠の意匠権と関連意匠の意匠権は，独立した権利であり，それぞれの意匠権を別々に行使することができます（意23条）。したがって，本意匠の意匠権と関連意匠の意匠権を有する意匠権者は，関連意匠の意匠権に基づいて権利行使をすることができます。

ウ　適切

　意匠の実施に該当する行為は意匠法に規定されています（意2条2項）。そして，意匠に係る物品を製造する行為は，意匠の実施行為に含まれます（意2条2項1号）。

エ　適切

　意匠権が意匠登録出願日前の出願に係る他人の特許権と抵触する場合，又は特許権がその特許出願日前の出願に係る他人の意匠権と抵触する場合は，業としてその特許発明又は登録意匠の実施をすることが制限されます（意26条1項，特72条）。

48   (46回 実技 問19)

　電気機器メーカーX社は，製造販売をしている冷蔵庫Aについて，Y社から意匠権Dを侵害しているとの警告を受けている。**ア～エ**を比較して，X社の知的財産部の部員**甲**の考えとして，最も**不適切**と考えられるものを1つだけ選びなさい。

ア　意匠原簿を閲覧して，意匠権Dが存続しているか，Y社が真の権利者であるかを確認する。

イ　意匠権Dに係る意匠登録出願後，意匠登録前に，意匠権Dに係る意匠を知らないで，独自に，冷蔵庫Aを商品化していた場合には，意匠権の効力が及ばないので，X社が，冷蔵庫Aに関する資料の有無を確認する。

ウ　冷蔵庫Aが，意匠権Dに係る物品と同一又は類似するかを確認する。

エ　意匠権Dに係る意匠登録出願前に，意匠権Dに係る登録意匠と同一又は類似する意匠が掲載された刊行物が発行されているかを確認する。

解答解説

48   正解: イ

ア　適切

　警告してきたY社が真の権利者でない場合，又は意匠権が存続していない場合には，Y社に何らの権利も存在しないことになるので，意匠原簿を閲覧して確認することは適切な行為です（意61条1項1号）。

イ　不適切

　他人の意匠登録出願後に，その他人の意匠権に係る意匠を知らずに意匠を創作したとしても，その意匠に当該意匠権の効力が及ばないとする規定はありません。したがって，冷蔵庫Aに関する資料の有無を確認しても警告を回避することはできません。

ウ　適切

　意匠権者は，業として登録意匠及びこれに類似する意匠の実施をする権利を専有します（意23条）。よって，X社の製造販売する冷蔵庫Aが，Y社の意匠権Dに係る登録意匠の権利範囲に含まれなければ，意匠権Dの侵害を免れます。したがって，冷蔵庫Aが意匠権Dに係る物品と同一又は類似するかを確認することは適切な行為です。

エ　適切

　意匠登録出願前に日本国内又は外国において，頒布された刊行物に記載された意匠又は電気通信回線を通じて公衆に利用可能となった意匠は，意匠登録を受けることができません（意3条1項2号）。当該規定に違反して登録されている場合には，その意匠登録を無効にすることについて意匠登録無効審判を請求することができるので適切な行為です（意48条）。

商標法

15.商標法の保護対象と登録要件

重要Point

・**商標**とは，人の知覚によって認識することができるもののうち，**文字**，**図形**，**記号**，**立体的形状**もしくは**色彩またはこれらの結合**，**音**その他政令で定めるものであって，商品等を生産等する者がその商品等に用いるものである

・商標の機能

出所表示機能	商品やサービスの出所を表示する機能
品質保証機能	商品の品質やサービスの質を保証する機能
宣伝広告機能	商品やサービスを広告宣伝する機能

・商標の種類

文字商標	立体商標	色彩のみからなる商標
図形・記号の商標	動き商標	音商標
結合商標	ホログラム商標	位置商標

学科問題

(42回　学科　問14)

ア～エを比較して，商標登録出願の審査に関して，最も**不適切**と考えられるものはどれか。

ア 極めて簡単で，かつ，ありふれた標章のみからなる商標であっても，一定の条件の下に識別力が備わったとして商標登録されることがある。

イ 指定商品との関係で識別力を有しない商標であっても，他の文字や図形と組み合わせることで，識別力を有し，商標登録されることがある。

ウ 需要者が何人かの業務に係る商品であることを認識できない商標であっても，商標登録されることがある。

エ 同業者間で普通に使用されるようになり，他人の商品等と区別できない商標は，商標登録されることはない。

解答解説

49

正解: **ウ**

ア 適切

　原則として，極めて簡単で，かつ，ありふれた標章のみからなる商標は商標登録を受けることができません（商3条1項5号）。ただし，その商標を使用した結果，特定の者の出所表示として，その商品又は役務の需要者の間で全国的に認識されているものとなった場合には，商標登録されることがあります（商3条2項）。

イ 適切

　商品の産地，品質等を普通の態様で表示する標章のみからなる商標は，識別力がなく商標登録を受けることができません（商3条1項3号）。しかし，他の文字や図形と組み合わせることで識別力を有するものとなった場合には，商標登録されることがあります。

ウ 不適切

　需要者が何人かの業務に係る商品又は役務であることを認識することができない商標は，商標登録を受けることができません（商3条1項6号）。

エ 適切

　同業者間で普通に使用されたために他人の商品等と区別できなくなった商標は，その商品等について慣用されている商標であるため，商標登録を受けることができません（商3条1項2号）。

50

ア〜エを比較して，地理的表示法に関して，最も適切と考えられるものはどれか。

ア 地理的表示は，法人格がない団体でも登録申請をすることができる。

イ 地理的表示は，地域団体商標と同様に，10年毎に更新登録を申請する必要がある。

ウ 地理的表示の登録を受けるためには，申請書を特許庁長官に提出しなければならない。

エ 地理的表示は，地域団体商標と同様に，役務に対しても登録することができる。

解答解説

50　　　　　　　　　　　　　　　　　　　　　　　　正解: ア

ア　適切

　生産者団体であれば，法人格がなくても，地理的表示の使用対象である農林水産物等について登録の申請をすることができます（地理的表示2条5項，7条1項）。

イ　不適切

　地域団体商標は10年毎に更新登録を申請する必要がありますが，地理的表示については，更新登録を申請する必要はありません。

ウ　不適切

　地理的表示の登録を受けるためには，所定の事項を記載した申請書を農林水産大臣に提出しなければなりません（地理的表示7条1項）。

エ　不適切

　地理的表示は，農林水産物等に対して登録することができますが（地理的表示6条），地域団体商標のように役務に対して登録することはできません。

16.先に出願された商標の調査

重要Point

- 先に出願された商標と**同一**・**類似**の商標は登録を受けることはできないが，**先行登録商標権者**の**承諾**を得て，かつ**混同が生じるおそれがなければ**登録が認められる
- 商標の類否判断は，**指定商品**または**指定役務**が類似しているか，さらに**商標**が類似しているかで判断される
- 商標の類似は，**外観・称呼・観念**のそれぞれから，総合的に判断される

学科問題

51

（40回　学科　問32）

　　ア～エを比較して，商標又は商品・役務の類否に関して，最も**不適切**と考えられるものはどれか。

ア　商標の類否は，外観，称呼，観念の各要素に基づいて総合的に判断される。

イ　商品・役務の類否は，同一・類似の商標を使用した場合に，出所の混同が生じるかどうかに基づいて判断される。

ウ　類似群は，互いに類似関係にある商品等を1つのグループとしてまとめたもので，同じ類似群の商品・役務は原則として互いに類似するものと推定される。

エ　商標の類否は，当業者を基準に判断される。

解答解説

51   正解: エ

ア　適切

　商標の類否の判断は，商標の有する外観，称呼及び観念のそれぞれの判断要素を総合的に考察して行われます（商標審査基準　第3－十）。

イ　適切

　商品・役務の類否の判断は，同一・類似の商標を使用した場合に，出所の混同が生じるかどうかに基づいて行われます（商標審査基準　第3－十）。

ウ　適切

　類似群は，生産部門，販売部門，原材料，品質等において共通性を有する商品，又は提供手段，目的もしくは提供場所等において共通性を有する役務をグループ化し，同じグループに属する商品群又は役務群は，原則として，類似する商品又は役務であると推定するものとしています（特許庁HP：日本における「類似群コード」について）。

エ　不適切

　商標の類否の判断は，商標が使用される商品又は役務の主たる需要者層その他商品又は役務の取引の実情を考慮し，需要者の通常有する注意力を基準として判断されます（商標審査基準　第3－十）。すなわち，商標の類否は，一般の取引者や需要者を基準に判断されます。

52 (45回　実技　問21)

　ア～エを比較して，商標調査に関して，最も適切と考えられるものを1つだけ選びなさい。

ア　商標調査の対象は，先に出願されて登録された商標のみを対象とすればよく，先に出願されて審査中の商標は，調査対象に含める必要はない。

イ　文字商標を調査する際には，「称呼」による検索をすることが一般的である。

ウ　商標登録出願がされた場合には，その商標が出願公開されるまでにおよそ6カ月程度の期間を要し，この期間中に出願された商標については，商標調査をすることができない。

エ　商標が類似しているかどうかは，外観・称呼・観念の要素から総合的に判断されるものであり，取引の実情が考慮されることはない。

解答解説

52　　　　　　　　　　　　　　　　　　　　　　　　**正解: イ**

ア　不適切

　現時点で審査中の商標は，将来商標登録を受ける可能性があり，その場合には，その登録商標と同じ又は類似する商標について，自らが商標登録出願を行っても商標登録を受けられず，その商標を指定商品等について使用することができなくなる場合があります（商25条）。そのため，商標調査は，登録された商標を対象とする調査だけでは十分ではなく，先に出願されて審査中の商標も調査対象に含める必要があります。

イ　適切

　文字商標を調査する場合，その商標を構成する文字列，つまり，その商標の「称呼」を対象として商標調査の検索を行うことが一般的です。

ウ　不適切

　商標登録出願がされてから出願公開されるまでの期間に決まりはなく，約数カ月程度で公開されます。

エ　不適切

　商標が類似しているかどうかは，外観・称呼・観念の要素から総合的に判断され，また，その判断においては取引の実情が考慮されます（商標審査基準　第3-十）。

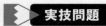

53 〜 54

　　プログラム開発会社X社は，商品A「電子計算機用プログラム」についてプログラム名「Challenge」として販売している。X社の知的財産部の部員**甲**が先行商標調査をしたところ，Y社が，商標「チャレンジ」，指定役務B「電子計算機用プログラムの提供」について，商標権Mを有していることがわかった。商標権Mに係る商標登録出願の出願日は2022年12月7日，登録日は2023年7月7日，公報発行日は2023年8月8日であり，商標権Mは現時点まで使用されていないこともわかった。**甲**は，X社の知的財産部の部長**乙**に対し，調査結果を受けて，発言1をしている。なお，商品及び役務の区分について，商品Aは第9類，指定役務Bは第42類に属する。

発言1　「指定役務Bとの類否の関係で，プログラム名『Challenge』を商品Aに使用することについて，全く問題ありません。」

　　以上を前提として，**問53〜問54**に答えなさい。

53　発言1について，適切と考えられる場合は「○」を，不適切と考えられる場合は「×」と答えなさい。

54　【理由群Ⅳ】の中から，問53において適切又は不適切と判断した理由として，最も適切と考えられるものを1つだけ選びなさい。

【理由群Ⅳ】

ア　商品と役務との間で類似する場合があるため

イ　商品，役務の区分が異なる場合には，商品と役務との間で類似する場合がないため

ウ　商品と役務とが異なり，商品と役務との間で類似する場合がないため

解答解説

53   正解: ×(不適切)

54   正解: ア

　商品及び役務の区分は，商品又は役務の類似の範囲を定めるものではないので，商品と役務との間で商標が類似する場合があります(商6条3項)。

　したがって，Ｘ社がＹ社の指定役務Ｂに係る登録商標と類似するプログラム名「Challenge」を商品Ａに使用した場合，Ｙ社の商標権を侵害する可能性があるため問題となることがあるといえます。

17.商標登録を受けるための手続き

重要Point

- 商標登録出願は，**一つの出願**で複数の**指定商品**または**指定役務**を指定することができるが，複数の**商標**を含めることはできない
- 指定する商品や役務が複数あるときは，**区分**ごとに分けて願書に記載しなければならない
- 商標法には，特許法と同じく，**出願公開制度**が規定されている
- 商標登録出願の商標を変更したり，指定商品や指定役務を，別の商品や役務に変更することや類似する商品や役務に変更することは**要旨変更**とみなされ，その補正は却下される
- 補正が却下されたときは，補正却下決定の**謄本送達日から3カ月以内**に，**補正却下決定不服審判**を請求することができる

学科問題

55
（44回　学科　問7）

ア～エを比較して，商標登録出願に係る願書の説明として，最も**不適切**と考えられるものはどれか。

ア 商標登録出願人の氏名又は名称を願書に記載する。

イ 商標登録を受けようとする商標の発案者の氏名を願書に記載する。

ウ 動き商標，ホログラム商標，色彩のみからなる商標，又は位置商標について商標登録を受けようとする場合には，商標の詳細な説明を願書に記載する。

エ 商標登録を受けようとする商標，指定商品・指定役務及びその区分を願書に記載する。

解答解説

55   正解: **イ**

ア　適切

　商標登録出願の願書には，商標登録出願人の氏名又は名称を記載します（商5条1項1号）。

イ　不適切

　商標登録出願の願書に，商標登録を受けようとする商標の発案者の氏名を記載する必要はありません（商5条1項）。

ウ　適切

　動き商標，ホログラム商標，色彩のみからなる商標，又は位置商標について商標登録を受けようとする場合には，商標の詳細な説明を願書に記載します（商5条4項，商施規4条の8第1項）。

エ　適切

　商標登録出願の願書には，商標登録を受けようとする商標，指定商品・指定役務及びその区分を記載します（商5条1項2号，3号）。

実技問題

（45回　実技　問9〜問10）

56 〜 **57**

　飲料品メーカーX社は，新商品として「オレンジジュース」，「ジンジャーエール」，「ビール」及び「果実酒」を開発し，これらの新商品の商品名を検討している。商品名として，営業部から「ひのもと」が提案された。X社の知的財産部の部員**甲**は，これらの新商品について商標登録出願を検討し，その結果について，知的財産部の部長**乙**に対して，発言2をしている。

　なお，商品区分として，「オレンジジュース」，「ジンジャーエール」及び「ビール」は第32類，「果実酒」は第33類に属する。また，「オレンジジュース」と「ジンジャーエール」は類似商品であり，「ビール」と「果実酒」は類似商品である。

発言2　「商標登録を受けようとする商標として，特殊なフォントで記載した『ひのもと』の文字について商標登録出願をした後であっても，願書に標準文字の欄を追加し，『ひのもと』の文字のフォントを通常のフォントに補正することができます。」

　以上を前提として，**問56〜問57**に答えなさい。

56　発言2について，適切と考えられる場合は「○」を，不適切と考えられる場合は「×」を，選びなさい。

57　【理由群Ⅴ】の中から，問56において適切又は不適切と判断した理由として，最も適切と考えられるものを1つだけ選びなさい。

【理由群Ⅴ】
ア　拒絶理由の対象となるため
イ　要旨変更補正に該当するため
ウ　要旨変更補正に該当しないため

解答解説

56 　　　　　　　　　　　　　　　　　　　　　　正解: ×(不適切)

57 　　　　　　　　　　　　　　　　　　　　　　　　正解: イ

　願書に記載した指定商品・指定役務又は商標登録を受けようとする商標について
てした補正が，要旨を変更するものであるときは，その補正は却下されます（商
16条の2第1項）。特殊なフォントで記載した商標について，商標登録出願後に,
願書に標準文字の欄を追加し，商標の文字を通常の文字のフォントに補正するこ
とは，原則として，要旨変更の補正に該当します（商標審査基準　第13　1.（2）.
（ア）①）。また，商標登録出願後に，標準文字である旨の記載を追加する補正も,
原則として，要旨変更の補正に該当します（商標審査基準　第13　1.（2）.（ウ））。

18.商標権の管理と活用

重要Point

- 商標権は，登録査定の**謄本送達日から30日以内**に，登録料が納付されることで，商標権の**設定登録**がされ，権利が発生する
- 商標権の登録料は，存続期間の**10年分**を一括で納めることも，**前半5年**と**後半5年**に**分割**して納めることもできる
- 商標権者は，商標権と**商標が同一**で，**商品・役務が同一**の範囲について，登録商標を**独占的**に使用することができる
- 登録商標に指定商品等が二以上ある場合は，指定商品または指定役務ごとに商標権を分割して**移転**することができる
- **先使用権**の発生要件

  > ①他人の商標登録出願前から
  > ②日本国内で不正競争の目的でなく出願された範囲または類似する範囲の商標を使用しており
  > ③使用の結果,他人の商標登録出願時点で,
  > ④自己の業務に係る商品や役務を表示するものとして需要者の間に広く認識されていること

学科問題

58

（39回　学科　問27/改）

ア～エを比較して，商標権等に関して，最も適切と考えられるものはどれか。

ア　商標権は設定の登録により発生し，その存続期間は商標登録出願の日から10年である。

イ　商標権者は，指定役務と同一の役務について，登録商標と類似する商標を独占的に使用する権利を有する。

ウ　指定商品が二以上ある場合に，指定商品ごとに商標権を分割して移転することができる。

エ　専用使用権が設定された範囲内では，専用使用権者及び商標権者が登録商標を使用することができる。

解答解説

58   正解: ウ

ア 不適切

商標権は，設定の登録によって発生します（商18条）。ただし，その存続期間は，商標登録出願の日からではなく，設定登録の日から10年をもって終了します（商19条1項）。

イ 不適切

商標権者は，指定商品又は指定役務について登録商標を使用する権利を専有し，さらに，他人によるその類似範囲の使用を排除することができます（商25条，37条1号）。ただし，商標権者は，登録商標と類似する商標を，指定商品又は指定役務と同じ商品又は役務について独占的に使用することまでは認められていません。

ウ 適切

商標権に係る指定商品又は指定役務が二以上ある場合は，指定商品又は指定役務ごとに商標権を分割して移転することができます（商24条の2第1項）。

エ 不適切

商標権者は，指定商品又は指定役務について，登録商標を使用する権利を専有します（商25条）。ただし，その商標権について専用使用権を設定したときは，専用使用権者がその登録商標を使用する権利を専有する範囲については，たとえ商標権者であっても自己の登録商標を使用することはできません（商25条ただし書）。

59

　繊維雑貨メーカーX社は，タオルAについて名称をBとして販売を予定していたところ，Y社が「タオル」を含む多数の指定商品について，名称Bに係る商標権Mを有していることがわかった。**ア～エ**を比較して，X社における製品販売についての検討会議での発言として，最も**不適切**と考えられるものを1つだけ選びなさい。

ア　「わが社がタオルAの包装のみに名称Bを付ける場合であっても，商標の使用に該当し，Y社の商標権Mを侵害するおそれがあります。」

イ　「わが社がY社から商標権Mについて専用使用権又は通常使用権の許諾を受ける際に，Y社は，販売期間や販売地域を限定することができます。」

ウ　「わが社が『タオル』についての商標権Mの使用を目的とした通常使用権の許諾を受けるために，Y社が特許庁へ登録する必要はありません。」

エ　「わが社は，Y社が既に別の会社に『タオル』に係る全範囲について専用使用権を許諾している場合でも，Y社との間で『タオル』について通常使用権の許諾契約を締結することができます。」

解答解説

59

ア　適切

　商標を商品の包装に付する行為は，その商標の使用行為に該当します（商2条3項1号）。したがって，タオルAの包装のみに名称Bを付ける場合であっても，登録商標の使用に該当し，Y社の商標権Mを侵害するおそれがあります（商25条）。

イ　適切

　X社はY社から専用使用権の設定，又は通常使用権の許諾を受けることができます（商30条1項，31条1項）。その際，Y社は専用使用権又は通常使用権に係る製品の販売地域と販売期間を限定することができます。

ウ　適切

　通常使用権は，契約当事者であるX社とY社の合意によって発生するので，通常使用権の許諾を受けるためにY社が特許庁へ登録する必要はありません。

エ　不適切

　専用使用権は，その登録商標を指定商品又は指定役務について独占的に使用できる権利です（商30条2項）。したがって，商標権者は，専用使用権を設定した場合，同じ範囲で他の者に専用使用権者を設定したり，通常使用権を許諾することができません。

商標法

19.商標権の侵害と救済

重要Point

・商標権の侵害とは，正当な権原のない第三者が，登録商標と同一または類似の商標を，指定商品や指定役務と同一または類似の商品や役務について使用することをいう
・商品等の**普通名称**を普通に用いられる方法で表示する商標や**慣用商標**，商品等の形状で，その機能を確保するために**不可欠な立体的形状**のみからなる商標には，商標権の効力は及ばない
・**登録異議の申立て**は，商標掲載公報の**発行日から2カ月以内**であれば，**誰でも**行うことができる
・**商標登録無効審判**は，侵害警告を受けた者などの**利害関係人**でなければ請求することはできない
・商標権者等が故意に登録商標と類似する範囲において商標を使用し，これによって，商品の品質等に混同等を生じているような場合は，**誰でも**，**不正使用取消審判**を請求することができる

学科問題

60
(45回　学科　問35)

ア～エを比較して，商標権に関して，最も適切と考えられるものはどれか。

ア 他人の商標登録出願よりも前から日本国内でその商標と同一又は類似する商標を使用している者は，継続してその商品又は役務について，その商標を使用する権利を有する。

イ 商標登録が無効理由を有する場合には，誰でも商標登録無効審判を請求することができる。

ウ 継続して3年以上，日本国内で商標権者又は使用権者のいずれもが指定商品又は指定役務に登録商標を使用していないのであれば，不使用取消審判を請求することにより商標権を消滅させることができる。

エ 登録商標がその出願前から指定商品について慣用的に使用されていた場合，商標掲載公報の発行日から6カ月以内に限り，誰でも登録異議の申立てをすることができる。

解答解説

60

正解: ウ

ア 不適切

　他人の商標登録出願よりも前から使用している商標であっても，次の要件をすべて満たさなければ，先使用権は認められません。具体的には，①他人の商標登録出願前から日本国内において，②不正競争の目的でなく，③その出願に係る商標又は類似する商標を使用した結果，④その商標登録出願の際，⑤現にその商標が自己の業務に係る商品・役務を表示するものとして周知となっていることが必要です（商32条1項）。したがって，他人の商標登録出願よりも前から商標を使用していても，他の要件を満たしていなければ，先使用権が認められないことがあります。

イ 不適切

　商標登録が無効理由を有する場合，利害関係人に限り，商標登録無効審判を請求することができます（商46条2項）。

ウ 適切

　継続して3年以上日本国内において，商標権者，専用使用権者又は通常使用権者のいずれもが，指定商品又は指定役務に登録商標を使用していないときは，何人も，その指定商品又は指定役務に係る商標登録の取り消しについて，不使用取消審判を請求することができます（商50条1項）。

エ 不適切

　商標掲載公報の発行日から6カ月以内ではなく，2カ月以内に限り，何人も登録異議の申立てをすることができます（商43条の2）。

61   （42回　学科　問31）

　　ア〜エを比較して，商標法における不使用取消審判に関して，最も適切と考え
られるものはどれか。

ア　不使用取消審判の審理において，指定商品について，商標権者が登録商標を
　　使用していなくても，通常使用権者がその登録商標を使用している場合には，
　　その商標登録は取り消されない。
イ　不使用取消審判の審理において，請求の対象となっている指定商品に類似す
　　る商品について，商標権者が登録商標を使用している場合には，その商標登
　　録は取り消されない。
ウ　不使用取消審判の審理において，指定商品について，社会通念上同一と認め
　　られる商標を使用していたとしても，その商標登録は取り消される。
エ　不使用取消審判の審理において，指定商品について，商標権者が登録商標を
　　審判の請求前6カ月から使用していても，過去3年間使用していなかった場
　　合には，その商標登録は取り消される。

解答解説

61 正解: ア

ア 適切

指定商品について，商標権者が登録商標を使用していなくても，専用使用権者又は通常使用権者のいずれかがその登録商標を使用している場合には，登録商標の使用に該当するため，その商標登録は取り消されません（商50条1項）。

イ 不適切

不使用取消審判の審理において，指定商品と類似する商品について登録商標を使用していても，登録商標の使用とは認められません。したがって，その商標登録は取り消されます。

ウ 不適切

商標権者が登録商標と社会通念上同一と認められる商標を指定商品に使用していれば，取消しを免れます（商50条1項）。社会通念上同一と認められる商標とは，書体のみに変更を加えた同一の文字からなる商標や平仮名，片仮名及びローマ字の文字の表示を相互に変更するものであって，同一の称呼及び観念を生ずる商標，外観において同視される図形からなる商標などをいいます（商38条5項かっこ書）。

エ 不適切

不使用取消審判の審理において，不使用期間の算定の起算時は，審判請求の登録時です。よって，過去3年間その指定商品について登録商標を使用していない期間があったとしても，その審判請求の登録前6カ月から使用していることが立証できる場合には，その商標登録は取り消されません（商50条2項）。

　運動用具メーカーX社は，「LION」という商品名で新商品の野球用具の販売を検討している。X社の知的財産部の部員**甲**が先行商標調査を行ったところ，運動用具メーカーY社が，6年前に指定商品「運動用具」について商標「ライオン」とする商標権Aの登録を受け，3年前に指定商品「野球靴」について商標「ライオン」とする商標権Bの登録を受けていることがわかった。調査報告に関して，知的財産部の部長**乙**に対して，**甲**が発言1をしている。なお，「野球用具」は「運動用具」に含まれ，また，「運動用具」と「野球靴」とは，類似する商品である。

発言1　「新商品の野球用具を商品名『LION』として販売すると，商標権Aを侵害するおそれがあります。」

　甲が更に調査を行ったところ，X社は8年前に指定商品「野球靴」について商標「LION」とする商標権Cの登録を受けていたことがわかった。また，W社は6年前に指定商品「釣り具」について商標「LION」とする商標権Dの登録を受けていたこともわかった。なお，X社は，商標権Cに係る登録商標を使用していないが，商標権Cは存続している。また，W社は，商標権Dに係る商標登録出願をした後すぐに，当該釣り具について，テレビコマーシャルや雑誌に広告を掲載する等の宣伝活動を行い，たちまち全国的に著名となり今に至っている。調査報告に関して，**乙**に対して，**甲**が発言2～3をしている。なお，「野球靴」と「釣り具」は非類似の商品である。

発言2　「商標権Cの存在を理由として商標登録無効審判を請求した場合，商標権Aに係る商標登録は無効になります。」

発言3　「商標権Dの存在を理由として商標登録無効審判を請求した場合，商標権Bに係る商標登録は無効になります。」

　以上を前提として，**問62～問67**に答えなさい。

62 発言1について，適切と考えられる場合は「○」を，不適切と考えられる場合は「×」と答えなさい。

63 問62において，適切又は不適切であると判断した理由として，最も適切と考えられるものを【理由群Ⅳ】の中から1つだけ選びなさい。

【理由群Ⅳ】

ア Ｘ社の使用商標とＹ社の登録商標が類似であり，かつＸ社の使用商品とＹ社の指定商品が同一であり，Ｘ社の行為は，Ｙ社の商標権の侵害となるため

イ Ｘ社の使用商標とＹ社の登録商標が類似であり，かつＸ社の使用商品とＹ社の指定商品が類似であり，Ｘ社の行為は，Ｙ社の商標権の侵害となるため

ウ Ｘ社の使用商標とＹ社の登録商標が類似であるが，Ｘ社の使用商品とＹ社の指定商品が非類似であり，Ｘ社の行為は，Ｙ社の商標権の侵害とならないため

エ Ｘ社の使用商品とＹ社の指定商品は類似であるが，Ｘ社の使用商標とＹ社の登録商標が非類似であり，Ｘ社の行為は，Ｙ社の商標権の侵害とならないため

---

64 発言2について，適切と考えられる場合は「○」を，不適切と考えられる場合は「×」と答えなさい。

65 問64において，適切又は不適切であると判断した理由として，最も適切と考えられるものを【理由群Ⅴ】の中から1つだけ選びなさい。

【理由群Ⅴ】

ア 商標法第4条第1項第10号（他人の周知商標）を無効理由として，無効にすることができるため

イ 商標法第4条第1項第11号（先願先登録）を無効理由として，無効にすることができるため

ウ 商標法第4条第1項第15号（商品又は役務の出所の混同）を無効理由として，無効にすることができるため

エ 除斥期間を経過しており，無効にすることはできないため

---

66 発言3について，適切と考えられる場合は「○」を，不適切と考えられる場合は「×」と答えなさい。

67 問66において，適切又は不適切であると判断した理由として，最も適切と考えられるものを【理由群Ⅵ】の中から1つだけ選びなさい。

【理由群Ⅵ】

ア 商標法第4条第1項第10号（他人の周知商標）を無効理由として，無効にすることができるため

イ 商標法第4条第1項第11号（先願先登録）を無効理由として，無効にすることができるため

ウ 商標法第4条第1項第15号（商品又は役務の出所の混同）を無効理由として，無効にすることができるため

エ 除斥期間を経過しており，無効にすることはできないため

解答解説

62 　　　　　　　　　　　　　　　　　　　　正解: ○（適切）

63 　　　　　　　　　　　　　　　　　　　　正解: ア

　商標の類否の判断は，商標の有する外観，称呼及び観念のそれぞれの判断要素を総合的に考察して行われます。ここで，Ｘ社の商品「野球用具」は，Ｙ社の商標権に係る指定商品「運動用具」に含まれるので同一であり，Ｘ社の商品名「LION」はＹ社の登録商標「ライオン」と観念が共通し，称呼が同一です。よって，Ｘ社が「LION」という商品名で新商品の野球用具を販売するとＹ社の商標権Ａを侵害します（商25条）。

64 　　　　　　　　　　　　　　　　　　　　正解: ×（不適切）

65 　　　　　　　　　　　　　　　　　　　　正解: エ

　一部の無効理由（商３条，４条１項８号，11号など）に該当する場合には，商標権の設定登録日から５年の除斥期間を経過した後は，商標登録無効審判を請求することができません（商47条１項）。Ｙ社の商標権ＡとＸ社の商標権Ｃは，商標が類似し，指定商品が類似するため，商標法第４条第１項第11号違反の無効理由に該当しますが，Ｙ社の商標権Ａの設定登録から６年が経過しているため，商標登録無効審判によって商標権Ａを無効にすることはできません。

66 　　　　　　　　　　　　　　　　　　　　正解: ○（適切）

67 　　　　　　　　　　　　　　　　　　　　正解: ウ

　商標権Ｄは，商標権Ｂの出願時にはすでに，Ｗ社による広告宣伝活動によって全国的に著名となっていたと考えられます。したがって，指定商品「野球靴」と「釣り具」は非類似であっても，Ｙ社が野球靴にＷ社の著名な登録商標「LION」と類似する商標「ライオン」を使用する場合，需要者がＷ社の子会社等の関係にある事業者の商品であると誤認し，商品の出所について混同する可能性があるため，商標権Ｂは商標法第４条第１項第15号違反の無効理由を有しています。よって，商標権Ｄの存在により，Ｘ社は商標権Ｂについて商標登録無効審判を請求することができます（商46条１項１号）。また，商標権Ｂは３年前に登録されているので，除斥期間の問題はありません（商47条１項）。

条約

20.パリ条約

- パリ条約では，同盟国の国民に対して，自国の国民と同等の**保護**および**救済措置**を与えなければならないと規定されている
- 特許および実用新案の**優先期間**は**先の出願**から**12カ月**，意匠および商標の優先期間は**6カ月**である
- パリ条約の**優先権**を主張した出願は，先の出願に基づいて他の同盟国にした後の出願でも，先の出願日に出願したものと**同等の効果**が与えられる
- **各国の特許の独立**とは，同盟国における権利の**無効**，**消滅**，**存続期間**等は，他の同盟国の権利に影響を与えないことをいう

▶▶▶ 学科問題

68

（41回　学科　問6）

　ア〜エを比較して，パリ条約に関して，最も適切と考えられるものはどれか。

ア　パリ条約の同盟国の国民が工業所有権を享有するためには，保護が請求される国に住所又は営業所を有することが条件とされる。

イ　パリ条約に規定される優先権の優先期間は，商標については意匠と同じく6カ月である。

ウ　他の同盟国にした複数の特許出願に基づいて優先権を主張して特許出願をすることはできない。

エ　パリ条約の同盟国の国民が各同盟国においてした特許出願は，他の同盟国において同一の発明について取得した特許に従属する。

解答解説

68   正解: **イ**

ア　不適切

　パリ条約の同盟国の国民が工業所有権を享有するために，保護が請求される国に住所又は営業所を有することが条件とされることはありません(パリ2条(2))。

イ　適切

　パリ条約に規定される優先権の優先期間は，特許及び実用新案については12カ月であり，意匠及び商標については6カ月です(パリ4条C(1))。

ウ　不適切

　パリ条約の優先権を主張して特許出願をする際に，複数の特許出願に基づいて優先権を主張すること，すなわち複数優先が認められています(パリ4条F)。

エ　不適切

　パリ条約では特許独立の原則を規定しています(パリ4条の2)。特許独立の原則により，パリ条約の同盟国の国民が各同盟国においてした特許出願は，他の同盟国において同一の発明について取得した特許から独立します。

21.特許協力条約（PCT）

重要Point

・特許協力条約（PCT）に基づく国際出願の流れ

国際出願	自国の特許庁または世界知的所有権機関（WIPO）に出願可能 国際出願が認められると,認定日は国際出願日として認められる
国際調査	原則として,すべての出願について,国際調査機関が自動的に国際調査を行う 国際調査の結果は,国際調査報告として出願人とWIPOの国際事務局に送付され,あわせて国際調査見解書も示される 国際調査報告や国際調査見解書を受け取った後,請求の範囲について1回に限り補正することができる
国際公開	優先日から18カ月経過後,国際事務局が国際公開を行う
国際予備審査	国際予備審査は出願人の請求により行われる 国際予備審査の結果は国際予備審査報告として出願人に送付される 国際予備審査報告が作成される前に請求の範囲,明細書,図面について補正することができる
国内移行手続	優先日から30カ月以内に移行手続をする必要がある

学科問題

（42回　学科　問23）

69

　ア～エを比較して，特許協力条約（PCT）に関して，最も**不適切**と考えられるものはどれか。

ア　出願人は，国際調査報告を受け取った後，国際出願の請求の範囲について1回に限り補正をすることができる。

イ　国際調査報告は，国際調査機関から出願人及び国際事務局に送付される。

ウ　国際出願は，国際調査報告とともに国際公開される。

エ　すべての国際出願は，国際予備審査の対象とされる。

解答解説

69　　　　　　　　　　　　　　　　　　　　　**正解: エ**

ア　適切

　出願人は，国際調査報告を受け取った後，国際出願の請求の範囲について１回に限り補正をすることができます（PCT19条（1））。

イ　適切

　国際調査報告は，国際調査機関から出願人及び国際事務局に送付されます（PCT18条（2））。

ウ　適切

　国際出願は，国際調査報告とともに国際公開されます（PCT21条（1），（3））。

エ　不適切

　国際出願のうち，出願人によって国際予備審査の請求がなされたものが，国際予備審査の対象となります（PCT31条（1））。

70

　ア～エを比較して，特許協力条約（PCT）に基づく国際出願に関して，最も適切と考えられるものはどれか。

ア　国際出願をして国際調査が行われて国際調査見解書において特許性があるとされた場合には，指定国において特許性の審査が行われず特許権が発生する。

イ　国際出願をする場合には，日本語で出願することができる。

ウ　国際出願をした場合には，その後，権利取得を目的とする指定国において所定の国内移行手続を，優先日から3年以内にする必要がある。

エ　国際出願後に国際予備審査を請求した後には，請求の範囲についてのみ補正することができる。

解答解説

70   正解: イ

ア 不適切

国際調査見解書において特許性があるという見解が得られた場合であっても，各指定国において特許を取得する場合には，各指定国において特許許可の審査結果等を得る必要があります（PCT27条（5））。

イ 適切

国際出願をする場合，日本語で出願することができます（特許協力条約に基づく国際出願等に関する法律3条1項）。

ウ 不適切

国際出願をした場合には，その後，権利取得を目的とする指定国において所定の国内移行手続を，優先日から3年ではなく，30カ月以内にする必要があります（PCT22条（1））。

エ 不適切

国際出願後に国際予備審査を請求した場合は，国際予備審査報告が作成される前の所定期間内であれば，請求の範囲，明細書及び図面を補正することができます（PCT34条（2）（b））。

71 ～ 73

　次の会話は，電機メーカーX社の技術者**甲**と知的財産部の部員**乙**が，外国出願に際して，特許協力条約（PCT）について会話しているものである。**問71～73**に答えなさい。

甲　「PCTによる国際出願をし，国際出願日が認められると，どのような効果がありますか。」

乙　「すべての指定国に対して [1] の効果を有します。」

甲　「国際出願においてパリ条約による優先権の主張をすることができますか。」

乙　「はい，できます。その場合，国際出願は [2] から18カ月後に国際事務局により国際公開が行われます。」

甲　「実際に権利化を図りたい国に対しては，いつまでに手続をする必要がありますか。」

乙　「原則として，[2] から30カ月経過時までに [3] をすることが必要です。」

71　空欄 [1] に入る最も適切な語句を【語群X】の中から選びなさい。

72　空欄 [2] に入る最も適切な語句を【語群X】の中から選びなさい。

73　空欄 [3] に入る最も適切な語句を【語群X】の中から選びなさい。

【語群X】

正規の国際出願	国内移行手続	国際出願日	正規の国内出願
国内出願日	手続補正	優先日	特別な国内出願	審査請求手続

解答解説

71　　　　　　　　　　　　　　　　　**正解: 正規の国内出願**

72　　　　　　　　　　　　　　　　　　　　**正解: 優先日**

73　　　　　　　　　　　　　　　　　**正解: 国内移行手続**

　国際出願日の認められた国際出願は，国際出願日から各指定国における正規の国内出願の効果を有します（PCT11条（3））。また，国際出願は，パリ条約の締約国においてされた先の出願に基づく優先権を主張する申立てを伴うことができます（PCT 8条（1））。さらに，国際出願はその国際出願の優先日から18カ月後に国際事務局により国際公開されます（PCT21条（1），（2）（a））。

　出願人は，優先日から30カ月を経過する時までに各指定官庁（権利化を図りたい国）に対し，所定の翻訳文の提出等，国内移行手続をすることが必要です（PCT22条（1））。

22.その他の条約

重要Point

- **TRIPS 協定**は，特許権のみならず，著作権や商標権などの**知的財産権**を**包括的に保護**することを目的としており，知的財産権の適切な保護，権利行使の確保や紛争解決手続について規定されている
- 商標の国際登録を受ける場合には，自国に**基礎となる出願**や**商標登録**が必要となる
- 商標の国際登録の存続期間は**10年**であり，10年ごとに**更新**することができる
- 意匠の国際登録制度である**ハーグ協定**では，自国に基礎出願や基礎登録は必要とされていない
- 意匠の国際出願では，一つの国際出願で最大100までの意匠を含めることができる
- 意匠の国際登録の存続期間は**5年**であり，**更新**することができる
- **ベルヌ条約**は，著作物を国際的に保護する条約であって，**内国民待遇の原則**，**無方式主義の原則**，**遡及効**，**著作者人格権の保護**などが定められている

学科問題

74 　　　　　　　　　　　　　　　　　　　　　　　（39回　学科　問1）

　ア～エを比較して，ベルヌ条約に関する次の文章の空欄 ┌─ 1 ─┐ ～ ┌─ 3 ─┐ に入る語句の組合せとして，最も適切と考えられるものはどれか。

　ベルヌ条約の原則の1つである ┌─ 1 ─┐ 主義とは，┌─ 2 ─┐ の享有及び行使に方式の履行を要しないことをいう。その他の原則として，┌─ 3 ─┐ などが規定されている。

ア ┌─ 1 ─┐ ＝無方式　┌─ 2 ─┐ ＝著作者の権利　┌─ 3 ─┐ ＝内国民待遇

イ ┌─ 1 ─┐ ＝方式　　┌─ 2 ─┐ ＝著作者人格権　┌─ 3 ─┐ ＝遡及効

ウ ┌─ 1 ─┐ ＝方式　　┌─ 2 ─┐ ＝著作者の権利　┌─ 3 ─┐ ＝著作権独立

エ ┌─ 1 ─┐ ＝無方式　┌─ 2 ─┐ ＝著作者人格権　┌─ 3 ─┐ ＝最恵国待遇

解答解説

74   **正解: ア**

　ベルヌ条約では，無方式主義の原則を規定しています(ベルヌ条約5条(2))。無方式主義とは，権利の享有及び行使にいかなる方式の履行をも要さず，著作物の創作と同時に権利が発生することをいいます。

　また，著作権に関するベルヌ条約には，内国民待遇の原則が規定されています(ベルヌ条約5条(1))。

著作権法

23.著作権法の目的と著作物

重要Point

- 著作権法において，**著作物**とは，**思想**または**感情**を**創作的**に**表現**したものであって，**文芸**，**学術**，**美術**または**音楽**の範囲に属するものと定義されている
- **ゲームソフト**は，**映画**の著作物に該当するものの，通常の映画とは異なり，一度購入すると権利が**消尽**するため，再譲渡する際には著作権者の許諾は不要である
- **二次的著作物**を利用する場合は，**原著作物の著作権者**と**二次的著作物の著作権者**の双方から許諾を得なくてはならない
- **編集著作物**と**データベースの著作物**の構成要素となる素材は，必ずしも著作物である必要はない
- 漫画やアニメの**キャラクター**は著作物に該当しないが，その絵自体は著作物として保護されることがある
- **キャッチフレーズ**や**スローガン**等は著作物に該当しない

学科問題

75   **（37回　学科　問38）**

　　ア～エを比較して，著作者の権利の目的とならない著作物として，最も適切と考えられるものはどれか。

ア　著作権侵害に関する裁判所の判決
イ　データベース
ウ　学術的な性質を有する図面
エ　プログラム

解答解説

75

ア　適切

裁判所の判決等に係る著作物は，著作者の権利の目的とはなりません（著13条3号）。

イ　不適切

データベースは，データベースの著作物として著作者の権利の目的になります（著12条の2第1項）。

ウ　不適切

学術的な性質を有する図面は，図形の著作物として著作者の権利の目的になります（著10条1項6号）。

エ　不適切

プログラム言語は，著作権法上の保護の対象とはなりえませんが（著10条3項），プログラム自体は著作物として著作者の権利の目的になります（著10条1項9号）。

著作権法

76

ア～エを比較して，著作物に関して，最も適切と考えられるものはどれか。

ア　美術の著作物には，美術工芸品が含まれる。

イ　映画の著作物には，映画の効果に類似する視覚的又は視聴覚的効果を生じさせる方法で表現され，かつ，物に固定されていない著作物が含まれる。

ウ　データベースの著作物とは，データベースであって，素材そのもの，又はその素材の選択若しくは配列によって創作性を有するものをいう。

エ　編集著作物とは，編集物であって，情報そのもの，又はその情報の選択若しくは体系的な構成によって創作性を有するものをいう。

解答解説

76   正解: ア

ア 適切

　美術の著作物とは，絵画や版画等の著作物をいい，美術工芸品も含まれます（著2条2項）。

イ 不適切

　映画の効果に類似する視覚的又は視聴覚的効果を生じさせる方法で表現され，かつ，物に固定されている著作物は，映画の著作物に含まれます（著2条3項）。

ウ 不適切

　データベースの著作物とは，データベースであって，その情報の選択又は体系的な構成によって創作性を有するものをいいます（著12条の2第1項）。

エ 不適切

　編集著作物とは，編集物であって，その素材の選択又は配列によって創作性を有するものをいいます（著12条1項）。

著作権法

　ア〜エを比較して，二次的著作物に関して，最も**不適切**と考えられるものはどれか。

ア　二次的著作物とは，著作物を翻訳し，編曲し，若しくは変形し，又は脚色し，映画化し，その他翻案することにより創作した著作物である。

イ　二次的著作物として保護されるための要件として，原著作物に係る著作権者の許諾を得て創作されることは必要ではない。

ウ　二次的著作物を利用する場合は，原著作物に係る著作権者の許諾も得なければならない。

エ　二次的著作物に係る著作権が侵害された場合，原著作物に係る著作権者は，侵害者に対して差止請求をすることはできない。

77 正解：エ

ア 適切

　二次的著作物とは，著作物を翻訳し，編曲し，もしくは変形し，又は脚色し，映画化し，その他翻案することにより創作された著作物をいいます（著2条1項11号）。

イ 適切

　二次的著作物を含めて，著作物の保護には，いかなる方式の履行をも要しません（著17条2項）。したがって，二次的著作物として保護されるための要件として，原著作物に係る著作権者の許諾を得て創作されることは必要ではありません。

ウ 適切

　二次的著作物の原著作物の著作者は，当該二次的著作物の利用に関し，当該二次的著作物の著作者が有するものと同一の種類の権利を専有します（著28条）。したがって，二次的著作物を利用する場合，原著作物の著作権者の許諾が必要となる場合があります。

エ 不適切

　二次的著作物の原著作物の著作者は，当該二次的著作物の利用に関し，当該二次的著作物の著作者が有するものと同一の種類の権利を専有します（著28条）。したがって，二次的著作物の著作権を侵害する行為に対しては，二次的著作物の著作権者だけでなく，原著作物の著作権者も差止請求をすることができます（著112条1項）。

実技問題

(40回　実技　問28)

78

　ア～エを比較して，著作物に関する**甲**の発言として，最も適切と考えられるものはどれか。

ア　「漫画家の友人が，今度創作する漫画の構想を思いついたそうです。頭の中にある漫画の構想は，著作物として保護されません。」

イ　「先日行った動物園で，ゴリラが筆を握って絵を描いていました。この絵は，著作物として保護されます。」

ウ　「自動車やバイクなどの工業製品のデザインは，産業上利用できるものなので，著作物として保護されます。」

エ　「博多人形などの量産される工芸品は，一品製作の美術工芸品ではないので，著作物として保護されません。」

解答解説

78
正解: ア

　著作物とは，思想又は感情を創作的に表現したものであって，文芸，学術，美術又は音楽の範囲に属するものをいいます（著2条1項1号）。

ア　適切

　著作物に該当するためには，思想又は感情が「表現」されていることが必要になります（著2条1項1号）。したがって，漫画の構想を具体的に表現したものならば，著作物として保護されますが，その構想自体は，表現されたものではないので，著作物として保護されません。

イ　不適切

　著作物に該当するためには，思想又は感情を創作的に表現していることが必要になります（著2条1項1号）。ここで，「思想又は感情」とは，人の思想又は感情を示します。ゴリラは人ではないので，ゴリラが描いた絵は著作物として保護されません。

ウ　不適切

　自動車やバイクなどの工業製品のデザインは，文芸，学術，美術又は音楽の範囲に属するものではないので，著作物として保護されません。

エ　不適切

　博多人形などの量産される工芸品であっても，思想又は感情を創作的に表現したものであって，文芸，学術，美術又は音楽の範囲に属するものであれば，著作物として保護されます（著2条1項1号）。

著作権法
24.著作者

重要Point

- ・著作物を創作する者には，**著作(財産)権**と**著作者人格権**が発生する
- ・**共同著作物**の著作(財産)権は，他の**共有者**の同意を得なければ，その持分を譲渡できず，また，全員の合意がなければ自ら利用することや他人へ利用を許諾することはできない
- ・**職務著作(法人著作)**の成立要件

  ①会社等の**発意**に基づくこと

  ②会社等の業務に従事する者が**職務上作成**すること

  ③会社等が**自社の名義**のもとに**公表**すること(**プログラムの著作物を除く**)

  ④作成時に，従業者を著作者とするといった契約等の特別な定めがないこと

- ・映画の著作物の著作者は，その映画の**全体的形成**に**創作的に寄与**した者が著作者となる
- ・映画の著作者が**映画製作者**に対し，その映画の**製作**に**参加**することを**約束**しているときは，映画製作者に**著作(財産)権**が帰属する

学科問題

79

（41回　学科　問10）

ア～エを比較して，著作者に関して，最も**不適切**と考えられるものはどれか。

ア 著作者とは，著作物を創作する者であり，自然人だけでなく法人も著作者になり得る。

イ 著作者であっても，著作権を有さない場合がある。

ウ 著作物の原作品に，実名が著作者名として通常の方法により表示されている者は，その著作物の著作者と推定される。

エ 映画の著作物の著作者とは，その映画の著作物において翻案され，又は複製された小説，脚本，音楽その他の著作物の著作者をいう。

136

解答解説

79   正解: エ

ア　適切

　著作者とは，著作物を創作する者であり（著2条1項2号），自然人は，創作能力を有するため著作者になり得ます。また，法人等の発意に基づいて職務上作成されて職務著作に該当する著作物については，その著作者は，法人等となります（著15条1項）。

イ　適切

　例えば，映画の著作物（職務著作に該当するものを除く）については，その著作者が映画製作者に対して当該映画の著作物の製作に参加することを約束している場合，その著作権は，当該映画製作者に帰属することになるため，著作者は，その著作権を有しません（著29条1項）。

ウ　適切

　著作物の原作品に，実名が著作者名として通常の方法により表示されている者は，その著作物の著作者と推定されます（著14条）。

エ　不適切

　映画の著作物の著作者は，その映画の著作物において翻案され，又は複製された小説，脚本，音楽その他の著作物の著作者を除き，制作，監督，演出，撮影，美術等を担当して，その映画の著作物の全体的形成に創作的に寄与した者をいいます（著16条）。

　映画製作会社X社の従業者**甲**は，社命により，劇場用の映画Aのプロデューサー業務を行っている。X社の従業者ではない**乙**は，映画Aの監督であり，X社から報酬を得て映画Aの製作に参加している。俳優**丙**は，**甲**から依頼され，映画Aの主人公を演じている。また，映画Aは，**丁**が書いた小説Bを，**甲**が**丁**の許諾を得て映画化したものである。そして，映画Aは，劇場上映の後に，市販DVD化され，テレビ放送されようとしている。**甲**は，発言2をしている。

発言2　「映画Aの製作については**丁**から小説Bの映画化の許諾を得ており，**丁**には著作権使用料を支払っています。映画Aの製作については**丁**の許諾が得られていますので，市販DVD化，テレビ放送にあたっては，いずれも，再度，**丁**の許諾を得る必要はありません。」

　以上を前提として，**問80～問81**に答えなさい。

80　発言2における**丁**への対応について，適切と考えられる場合は「○」を，不適切と考えられる場合は「×」と答えなさい。

81　【理由群Ⅷ】の中から，問80において適切又は不適切と判断した理由として，最も適切と考えられるものを1つだけ選びなさい。

【理由群Ⅷ】

ア　丁は，映画Aの著作者ではないから

イ　丁の権利は，著作権法の定めにより，X社に帰属しているから

ウ　丁は，映画Aの原著作物の著作権者であるから

解答解説

80 　　　　　　　　　　　　　　　　　　　　　　　　**正解: ×（不適切）**

81 　　　　　　　　　　　　　　　　　　　　　　　　**正解: ウ**

　丁は，劇場用映画Aの原作である小説の著作者であり，二次的著作物である映画Aの利用に関し，その映画Aの著作者が有するものと同一の種類の権利を有します（著28条）。本問において，映画Aの製作については丁から許諾を得ていますが，映画Aの利用に関してまで丁の許諾を得ているとは考えられないので，市販DVD化やテレビ放送にあたっては，丁の許諾をあらためて得る必要があります。

25.著作者人格権

重要Point

- **著作者人格権**とは，著作者の**人格的，精神的利益**を保護するための権利である
- 著作者人格権

公表権	著作物を公表するか否か， 公表する場合はその時期や方法等を決定できる権利
氏名表示権	著作者の氏名を表示するか否か， 表示する場合はその名義等を決定できる権利
同一性保持権	著作物およびその題号(タイトル)の同一性を保持し， 著作者の意に反した改変を受けない権利

- 著作者の**名誉**または**声望**を害する方法によりその著作物を利用する行為は，著作者人格権の侵害とみなされる

学科問題

82 　　　　　　　　　　　　　　　　　　　　　　　　　　（42回　学科　問29）

　ア〜エを比較して，著作者人格権に関して，最も適切と考えられるものはどれか。

ア　著作者は著作物の公表の可否と公表の時期等を決定することができるが，いかなる場合であっても，公表に同意したと推定される場合はない。

イ　二次的著作物の利用にあたって，原著作物の著作者の氏名を表示する必要はない。

ウ　著作権を譲渡しても，著作者人格権を放棄したものとはみなされない。

エ　著作者人格権が侵害された場合，著作者は侵害の停止を請求することができるが，侵害の予防を請求することはできない。

解答解説

82　　　　　　　　　　　　　　　　　　　　　　　　　正解: ウ

ア　不適切

著作者は，公表権を有するため，未公表である著作物の公表の可否と公表の時期等を決定することができます（著18条1項）。一方，未公表の著作物の著作権を譲渡した場合や未公表の美術の著作物の原作品を譲渡した場合等においては，その著作物の公表に同意したものと推定されることがあります（著18条2項各号）。

イ　不適切

二次的著作物の公衆への提供又は提示に際しては，二次的著作物の原著作者も，氏名表示権（著作者名を表示する，又は表示しない権利）を有しています（著19条1項後段）。したがって，二次的著作物を利用する場合には，原則として，原著作物の著作者の氏名を表示する必要があります。

ウ　適切

著作者人格権は，著作者の一身に専属し，譲渡することができません（著59条）。また著作権を譲渡しても，著作者人格権を放棄したものとはみなされません。

エ　不適切

著作者人格権が侵害された場合，著作者は侵害の停止だけでなく，侵害の予防も請求することができます（著112条1項）。

著作権法

83

ア～エを比較して，著作者人格権に関して，最も適切と考えられるものはどれか。

ア 著作者人格権は相続の対象となる。

イ 著作者人格権を侵害された場合，著作者は侵害者に対して損害賠償を請求することができない。

ウ 著作物の創作を他者に委託した場合，業務委託契約に委託者を著作者とする定めがあれば，委託者が著作者人格権を有する。

エ 職務著作の場合，著作者人格権は，著作物を作成した従業員ではなく法人が有する。

解答解説

83

ア 不適切

著作者人格権は，人格権の一種であり，著作者の一身に専属したものなので，相続の対象とすることはできません（著59条）。

イ 不適切

著作者人格権を侵害された場合，著作者は侵害者に対して損害賠償を請求することができます（民709条）。

ウ 不適切

著作物の創作を他者に委託した場合，委託者ではなく，実際に創作を行った受託者が著作者となります（著2条1項2号）。したがって，業務委託契約にかかわらず，著作者である受託者が著作者人格権を有します（著17条1項）。

エ 適切

職務著作の場合，その著作者は法人になりますので（著15条），その著作者人格権は法人が有します（著17条1項）。

著作権法

　映画製作会社Ｘ社の従業者**甲**は，社命により，劇場用の映画Ａのプロデューサー業務を行っている。Ｘ社の従業者ではない**乙**は，映画Ａの監督であり，Ｘ社から報酬を得て映画Ａの製作に参加している。俳優**丙**は，**甲**から依頼され，映画Ａの主人公を演じている。また，映画Ａは，**丁**が書いた小説Ｂを，**甲**が**丁**の許諾を得て映画化したものである。そして，映画Ａは，劇場上映の後に，市販ＤＶＤ化され，テレビ放送されようとしている。**甲**は，発言３をしている。

発言３　「放送局Ｙ社は，２時間の放送時間枠に合わせるため，映画Ａの一部分をカットして放送しようとしています。映画Ａの一部分をカットするにあたっては，**乙**はＸ社の従業者ではないので，**乙**の同意を得る必要があります。」

　以上を前提として，**問84～問85**に答えなさい。

84　発言３における**乙**への対応について，適切と考えられる場合は「○」を，不適切と考えられる場合は「×」と答えなさい。

85　**【理由群Ⅸ】**の中から，問84において適切又は不適切と判断した理由として，最も適切と考えられるものを１つだけ選びなさい。

【理由群Ⅸ】

ア　乙は，映画Ａの著作者であるから

イ　乙は，映画Ａの著作者ではないから

ウ　乙は，映画Ａの著作権者ではないから

解答解説

84
正解: 〇（適切）

85
正解: ア

　乙は，劇場用映画Aの監督であるため，映画Aの著作者であり（著16条），映画Aについて同一性保持権（著20条）を有します。つまり，乙の意に反して，映画Aの変更や切除等の改変することは，同一性保持権を侵害する行為に該当するので，映画Aの一部分をカットして放送するにあたっては，乙の同意を得る必要があります。

著作権法

26.著作（財産）権

・**著作（財産）権**の一覧

複製権	無断で著作物を複製（コピー）されない権利
上演権および演奏権	無断で著作物を公に上演,または演奏されない権利
上映権	無断で著作物を公に上映されない権利
公衆送信権	無断で著作物を公衆送信（または送信可能化）されない権利
口述権	無断で言語の著作物を公に口述されない権利
展示権	無断で美術の著作物,または未発行の写真の著作物を,これらの原作品により公に展示されない権利
頒布権	無断で映画の著作物をその複製物により,頒布されない権利
譲渡権	無断で著作物をその原作品または複製物の譲渡により,公衆に提供されない権利
貸与権	無断で著作物をその複製物の貸与により,公衆に提供されない権利
翻訳権・翻案権等	無断で著作物を翻訳,編曲,翻案等されない権利
二次的著作物の利用に関する原著作者の権利	二次的著作物の原著作物の著作者は,二次的著作物の著作者が有するものと同一の種類の権利が認められる

・本人の承諾なしに,その容貌・姿態を撮影されたり,公表されたりしない権利を**肖像権**といい,判例上認められている権利である
・**パブリシティ権**とは,有名人などの顧客吸引力を持つ氏名・肖像を営利目的で独占的に使用できる権利で,明文の規定はなく判例により認められつつあるものである

86

ア〜エを比較して，著作権に関して，最も適切と考えられるものはどれか。

ア　貸与権とは，著作物（映画の著作物は除く）の複製物を他人に無断で公衆に貸与されない権利であるが，営利を目的としない無償の貸与について貸与権は及ばない。

イ　上映権とは，映画特有の配給制度に応じて設けられた，他人に無断で公に上映されない権利であり，映画の著作物にのみ認められる。

ウ　譲渡権とは，著作物（映画の著作物は除く）の原作品又は複製物を他人に無断で公衆に譲渡されない権利であるが，著作権者により譲渡された著作物の原作品又は複製物をその後譲渡する行為について，譲渡権は及ばない。

エ　複製権における複製とは，著作物を有形的に再製することをいい，著作物をインターネットで配信することもこれに含まれる。

解答解説

86　　　　　　　　　　　　　　　　　　　　　　　　**正解: ウ**

ア　不適切

　貸与権とは，著作物の複製物を無断で公衆に貸与されない権利です（著26条
の3）。貸与には，いずれの名義又は方法をもってするかを問わず，これと同様
の使用の権原を取得させる行為を含むものであり（著2条8項），有償か無償かは
関係ありません。

イ　不適切

　上映権とは，他人に無断で公に上映されない権利であり，映画の著作物だけで
なく，すべての種類の著作物の上映が対象になります（著22条の2）。

ウ　適切

　譲渡権は，自分の著作物をその原作品又は複製物により公衆に提供されない
権利であり（著26条の2第1項），権利者が著作物を一旦適法に市場にて販売し
た場合には，譲渡権は消尽し，その後の転売について譲渡権は及びません（著26
条の2第2項1号）。

エ　不適切

　複製権における複製とは，著作物を有形的に再製することをいいます（著2条
1項15号）。著作物をインターネットで配信することは，自動公衆送信に該当
し（著2条1項9号の4），複製には含まれません。

87 ~ 89

　次の会話は，X社の法務部の部員**甲**と**乙**が著作権に関して会話しているものである。**問87 ～問89** に答えなさい。

甲　「公衆送信権とは，どのような権利ですか。」

乙　「自己が著作権をもつ著作物を，他人に無断で公衆に対して送信されない権利です。公衆送信権は，映画の著作物以外の著作物に　　1　　権利です。」

甲　「劇場用映画の市販用DVDを販売する場合に働く権利は何ですか。」

乙　「　　2　　権です。　　2　　権は，映画の著作物以外の著作物に　　3　　権利です。」

87　【語群 XI】の中から，空欄　　1　　に入る語句として，最も適切と考えられるものを1つだけ選びなさい。

88　【語群 XI】の中から，空欄　　2　　に入る語句として，最も適切と考えられるものを1つだけ選びなさい。

89　【語群 XI】の中から，空欄　　3　　に入る語句として，最も適切と考えられるものを1つだけ選びなさい。

【語群 XI】

ア　上映

イ　頒布

ウ　譲渡

エ　は認められていない

オ　も認められている

解答解説

87
正解: オ（も認められている）

　公衆送信権は，著作権を有する著作物について，他人に無断で公衆送信されない権利であり，映画の著作物以外の著作物にも認められる権利です（著23条）。

88
正解: イ（頒布）

　劇場用映画の市販用DVDを公衆に譲渡し，貸与する場合には，その映画の著作物についての頒布権（著26条1項）が関係してきます。頒布とは，映画の著作物の複製物を公衆に譲渡し，又は貸与することが該当します（著2条1項19号）。

89
正解: エ（は認められていない）

　頒布権は，映画の著作物にのみ認められ，映画以外の著作物には認められていません（著26条1項）。

27.著作権の変動

重要Point

- ・著作権者が死亡した場合に相続人が存在しないときや，著作権者である法人が解散したときは，著作(財産)権は**消滅**する
- ・著作(財産)権は**放棄**することができる
- ・**著作(財産)権**は，その権利の**全部**または**一部を譲渡**することができる
- ・著作(財産)権を譲渡する契約において，翻訳権・翻案権等および**二次的著作物の利用に関する原著作者の権利**を譲渡する旨の明示がない場合は，これらの権利は譲渡した者に**留保**したものと推定される
- ・複製権または公衆送信権を有する者は，**出版権**の設定をすることができる

学科問題

(40回　学科　問7)

90

　ア～エを比較して，著作権と著作隣接権の存続期間に関して，最も適切と考えられるものはどれか。

ア 無名で公表された著作物の著作権の存続期間は，その著作物の公表後70年を経過するまでである。

イ レコードに関する著作隣接権の存続期間は，そのレコードが販売された時に始まる。

ウ 実演家に関する著作隣接権の存続期間は，実演家の死後70年を経過するまでである。

エ 第二次世界大戦中において非連合国の国民が非連合国で取得した著作権の存続期間は，わが国では，戦時加算により約10年の延長が加えられる。

解答解説

90   正解: ア

ア　適切

　無名で公表された著作物の著作権の存続期間は，原則として，その公表後70年を経過するまでです（著52条1項）。

イ　不適切

　レコード製作者が有する著作隣接権の存続期間は，そのレコードに収録された音を最初に固定した時に始まります（著101条1項2号）。

ウ　不適切

　実演家が有する著作隣接権の存続期間は，その実演が行われた日の属する年の翌年から起算して70年を経過した時に満了となります（著101条2項1号）。

エ　不適切

　我が国と平和条約を締結した連合国及びその国民が第二次世界大戦前又は大戦中に取得した著作権の存続期間は，通常の存続期間に，戦時加算に相当する期間が加えられます（連合国及び連合国民の著作権の特例に関する法律4条）。

著作権法

重要Point

- ・著作権法では，一定の場合に，著作権者の許諾を得ずに著作物を**利用**することが認められている
- ・**私的使用**とは，**個人的**にまたは**家庭内**等において使用することを目的として，複製する行為をいう
- ・**公表された著作物**は，**公正な慣行**に合致し，**報道**，**批評**，**研究**その他の**引用**の目的上，**正当な範囲内**であれば，著作権者の許諾がなくとも引用することができる
- ・**引用**は，引用箇所が**明確に区別**でき，さらに引用する側が「**主**」，引用される側が「**従**」になる関係が必要とされている
- ・**著作権の制限規定**は著作権法 30 条から 47 条の 7 に規定されている

学科問題

91

　ア～エを比較して，著作権の制限に関して，最も**不適切**と考えられるものはどれか。

ア　公表された映画の著作物については，著作権者の許諾を得ずに引用して利用することはできない。

イ　正規に購入したコンピュータプログラムのバックアップを目的とする複製であれば，会社の業務に使用する目的であっても，著作権者の許諾を得ずに複製をすることができる。

ウ　著作権者の許諾を得ずに，私的使用目的の複製を行うことはできるが，コピープロテクションを外して複製を行うことはできない。

エ　実演家に報酬を支払う場合は，公益の目的であっても，著作権者の許諾を得ずに公に演奏を行うことはできない。

解答解説

91

ア　不適切

　公表された著作物は，公正な慣行に合致するものであり，かつ，報道，批評，研究その他の引用の目的上正当な範囲内で行なわれるものであれば，引用して利用することができます（著32条1項）。ここで，引用の対象となる著作物は，公表された著作物であればよく，著作物の種類に制限はありません。

イ　適切

　著作権者に無断でプログラムのバックアップを行うことは，原則として，複製権の侵害となりますが（著2条1項15号，21条），一定の場合，著作権が制限されます。ここで，プログラムの著作物の複製物の所有者は，原則として，自ら当該著作物を電子計算機において利用するために必要と認められる限度において，当該著作物の複製等をすることができます（著47条の3）。

ウ　適切

　著作物の複製をする場合，原則として著作権者の許諾を得る必要がありますが（著21条），私的使用のための複製を行う場合には著作権は制限されるため（著30条1項），著作権者の許諾を得る必要はありません。ただし，コピープロテクションを外して複製する場合には著作権は制限されず，複製権の侵害となります（著30条1項2号）。

エ　適切

　公表された著作物は，営利を目的とせず，聴衆又は観衆から料金を受けない場合，著作権者の許諾を得ずに公に演奏することができますが，実演者に対して報酬が支払われる場合には，この限りではなく，著作権者の許諾が必要になります（著38条）。

著作権法

放送事業者X社の法務部の部員が，発言1〜3をしている。

発言1 「最近の意匠法改正に関し，弁理士**甲**が自己のブログで解説文Aを書い
ています。たいへんわかりやすいものなので，X社の法務部の部員数名
に，この解説文Aが掲載されているブログのURLを記載したメールを送
信しようと思います。このメール送信にあたり，**甲**の許諾を得る必要は
ありません。」

発言2 「X社が制作し放送したテレビ番組Bが，ネットユーザー**乙**によって，動
画投稿サイトに，誰の許諾も得ずに投稿されています。テレビ番組Bに
は，映画会社Y社が制作した劇場用映画の映像が，Y社の許諾の下に30
秒ほど部分使用されています。**乙**の行為は，Y社が有する権利を侵害し
ています。」

発言3 「X社が動画サイトにアップロードしたテレビ番組Cを，ネットユーザー
丙が，個人的に視聴する目的で録音及び録画をしました。このテレビ番
組Cには，レコード製作者Z社が発行したCDの音楽がBGMとして用い
られています。**丙**の行為は，Z社が有する権利を侵害しています。」

以上を前提として，**問92～問97**に答えなさい。

---

92 発言1について、適切と考えられる場合は「○」を、不適切と考えられる場合は「×」と答えなさい。

93 【理由群Ⅶ】の中から、問92において適切又は不適切と判断した理由として、最も適切と考えられるものを1つだけ選びなさい。

> **【理由群Ⅶ】**
> **ア** 複製にあたらないため
> **イ** 展示権の侵害となるため
> **ウ** 送信可能化権の侵害となるため

94 発言2について、適切と考えられる場合は「○」を、不適切と考えられる場合は「×」と答えなさい。

95 【理由群Ⅷ】の中から、問94において適切又は不適切と判断した理由として、最も適切と考えられるものを1つだけ選びなさい。

> **【理由群Ⅷ】**
> **ア** 頒布権が消尽したため
> **イ** 頒布権の侵害となるため
> **ウ** 公衆送信権の侵害となるため

96 発言3について、適切と考えられる場合は「○」を、不適切と考えられる場合は「×」と答えなさい。

97 【理由群Ⅸ】の中から、問96において適切又は不適切と判断した理由として、最も適切と考えられるものを1つだけ選びなさい。

> **【理由群Ⅸ】**
> **ア** 複製権の侵害となるため
> **イ** 私的使用の複製となるため
> **ウ** 送信可能化権の侵害となるため

92　　　　　　　　　　　　　　　　　　　　　　　**正解: ○（適切）**

93　　　　　　　　　　　　　　　　　　　　　　　　　**正解: ア**

　解説文Aが掲載されたブログのURLを記載したメールを送信する行為は，解説文Aの複製には該当しません。一方，著作権を侵害するコンテンツ（侵害コンテンツ）のURLを侵害コンテンツの利用を促すWebサイト（リーチサイト）に掲載する行為は，その行為を行った者が侵害コンテンツであることを知っている場合，著作権を侵害する行為とみなされます（著113条2項）。

　本問の場合，甲が書いたブログは，侵害コンテンツではなく，また，そのブログのURLへのリンクを記載したメールを送信する行為は，リーチサイトへの掲載行為にも該当しません。したがって，甲のブログのURLへのリンクを記載したメールを送信する行為は，甲の著作権を侵害する行為にあたらず，甲の許諾を得る必要はありません。

94　　　　　　　　　　　　　　　　　　　　　　　**正解: ○（適切）**

95　　　　　　　　　　　　　　　　　　　　　　　　　**正解: ウ**

　劇場用映画の影像を含むテレビ番組Bを，許諾なく動画投稿サイトに投稿する行為は，テレビ番組BについてX社が保有する送信可能化権を侵害する行為に該当するとともに（著99条の2），その劇場用映画の映画について映画会社Y社が保有する公衆送信権を侵害する行為に該当します（著23条）。

96 　　　　　　　　　　　　　　　　　　正解: ×（不適切）

97 　　　　　　　　　　　　　　　　　　　　正解: イ

　Z社は，レコード製作者の権利として，テレビ番組CでBGMとして使用された音楽のCDを複製する権利を専有します（著96条）。

　一方，丙は，個人的に視聴する目的でテレビ番組Cを録音・録画していることから，私的使用目的による複製になるため（著30条1項），丙の行為は，Z社が有する複製権を侵害する行為に該当しません（著102条）。

重要Point

・著作権法では，**実演家**を俳優，舞踊家，演奏家，歌手その他実演を行う者および実演を指揮し，または演出する者と定義している
・実演家の**実演家人格権**は，**氏名表示権**と**同一性保持権**であり，**公表権**は有していない
・実演家が映画の著作物において，実演の**録音・録画**を許諾したときは，その後の**録音・録画**に関して実演家の権利は及ばないとされており，これを**ワンチャンス主義**という
・**レコード製作者**の権利には，複製権，送信可能化権，譲渡権，貸与権等のほかに**商業用レコードの二次使用料**を受ける権利がある
・**放送事業者**は，複製権，（再）放送権，送信可能化権，テレビジョン放送の伝達権の権利を有し，有線放送事業者も放送事業者と同様の権利を有する

学科問題

98

ア～エを比較して，著作隣接権等に関して，最も適切と考えられるものはどれか。

ア　レコード製作者とは，レコードを発行した者をいう。
イ　実演家人格権は，譲渡することができない。
ウ　実演家は公表権を有するため，その実演を無断で公表された場合，公表を差し止めることができる。
エ　放送事業者は，複製権は有するが，送信可能化権は有さない。

解答解説

98

ア　不適切

レコード製作者とは，レコードに固定されている音を最初に固定した者をいいます（著2条1項6号）。

イ　適切

実演家人格権は著作者人格権と同じく一身に専属する権利であり，譲渡することができません（著101条の2）。

ウ　不適切

実演家は実演家人格権として氏名表示権及び同一性保持権は有しますが（著90条の2，90条の3），公表権は有さないため，その実演を無断で公表されても，公表を差し止めることはできません。

エ　不適切

放送事業者は，複製権及び送信可能化権を有します（著98条，99条の2）。

著作権法

99 ~ 101

　　放送局X社の法務部の部員**甲**が，著作隣接権について同僚**乙**に質問をしている。次の会話は**甲**と**乙**のものである。**問99〜問101**に答えなさい。

甲　「放送事業者は著作隣接権を有しますが，その存続期間はどうなっていますか。」

乙　「放送が行われた時に始まり，その放送が行われた日の属する年の翌年から起算して　　1　　を経過した時までです。」

甲　「実演家は同一性保持権を有しますが，どのような改変がされると，実演家の同一性保持権を侵害することになりますか。」

乙　「実演家の　　2　　害する実演の変更，切除その他の改変がされると，同一性保持権を侵害することになります。」

甲　「放送機関や実演家の保護について規定されている条約等はありますか。」

乙　「例えば，　　3　　で規定されています。」

99　【語群XI】の中から，空欄　　1　　に入る語句として，最も適切と考えられるものを1つだけ選びなさい。

100　【語群XI】の中から，空欄　　2　　に入る語句として，最も適切と考えられるものを1つだけ選びなさい。

101　【語群XI】の中から，空欄　　3　　に入る語句として，最も適切と考えられるものを1つだけ選びなさい。

【語群XI】

ア	70年	**オ**	ハーグ協定
イ	50年	**カ**	名誉又は声望を
ウ	TRIPS協定	**キ**	利益を不当に
エ	シンガポール条約		

解答解説

99

正解: イ (50年)

放送事業者に与えられる著作隣接権の存続期間は，その放送を行った時に始まり，その放送が行われた年の属する年の翌年から起算して50年を経過した時に満了します（著101条1項3号，2項3号）。

100

正解: カ (名誉又は声望を)

実演者は，その実演について同一性保持権を有し，その実演者の名誉又は声望を害する実演の変更，切除その他の改変が行われた場合には，同一性保持権を侵害することになります（著90条の3第1項）。

101

正解: ウ (TRIPS協定)

TRIPS協定では，実演者，放送機関，レコード製作者の保護について規定しています（TRIPS14条）。

著作権法

102 ～ 103

　映画製作会社Ｘ社の従業者**甲**は，社命により，劇場用の映画Ａのプロデューサー業務を行っている。Ｘ社の従業者ではない**乙**は，映画Ａの監督であり，Ｘ社から報酬を得て映画Ａの製作に参加している。俳優**丙**は，**甲**から依頼され，映画Ａの主人公を演じている。また，映画Ａは，**丁**が書いた小説Ｂを，**甲**が丁の許諾を得て映画化したものである。そして，映画Ａは，劇場上映の後に，市販DVD化され，テレビ放送されようとしている。**甲**は，発言１をしている。

発言１　「映画Ａの製作にあたっては，自らの実演が映画Ａに録音・録画されることについて**丙**の許諾を得ています。映画Ａの市販DVD化，テレビ放送にあたっては，いずれも，再度，**丙**の許諾を得る必要はありません。」

　以上を前提として，**問 102 ～問 103** に答えなさい。

102　発言１における**丙**への対応について，適切と考えられる場合は「○」を，不適切と考えられる場合は「×」と答えなさい。

103　【理由群Ⅶ】の中から，問102において適切又は不適切と判断した理由として，最も適切と考えられるものを１つだけ選びなさい。

【理由群Ⅶ】
ア　**丙**は，映画Ａの利用について権利を有しているから
イ　ワンチャンス主義により，映画Ａの利用について**丙**の権利は及ばないから
ウ　**丙**は，映画Ａの著作権者ではないから

解答解説

102　　　　　　　　　　　　　　　　　　正解: ○（適切）

103　　　　　　　　　　　　　　　　　　　　　正解: イ

　実演家は，その実演について録音・録画する権利を有します（著91条1項）。一方，実演家の権利については，ワンチャンス主義が適用され，例えば，録音・録画権を持つ実演家が映画の著作物への録音・録画をいったん許諾すると，その後に当該映画がDVDとして販売されるときに，実演家は，その行為に対して録音・録画権を行使することができなくなります（著91条2項）。本問において，甲は，丙の実演を劇場用映画Aに録音・録画することについて丙の許諾を得ているので，劇場用映画Aの市販DVD化，テレビ放送にあたって丙の許諾を再度得る必要はありません。

著作権法

30.著作権の侵害と救済

- 他人の著作物に**依拠**して作成された著作物であっても，原著作物の**本質的特徴**を**感得**できなくなる程度まで新たな創作性が加えられていれば，著作権侵害にはならない
- 著作権を侵害する者に対して，財産的損害だけではなく精神的損害についても**慰謝料**を請求することができる
- 著作権の登録制度

実名の登録	無名または変名で公表した著作物について，実名の登録ができる
第一発行（公表）年月日等の登録	その日に最初の発行（公表）があったものと推定を受けられる
創作年月日の登録	プログラムの著作物について，創作年月日の登録ができる
著作（財産）権の登録	著作（財産）権の移転は，登録しておくと第三者に対抗できる

- 著作権を侵害した場合の**刑事罰**は，**故意**に侵害した場合に限られ，**過失**による侵害のときには刑事罰は課されない

学科問題

104

ア～エを比較して，著作権等の侵害に関して，最も**不適切**と考えられるものはどれか。

ア　法人の従業者が，その法人の業務に関し著作権を侵害した場合，行為者が罰されるほか，その法人に対して罰金刑が科されることがある。

イ　著作権を侵害した者は，その侵害行為について過失があったものと推定される。

ウ　著作権又は著作者人格権を侵害した者は，刑事罰の適用を受ける場合がある。

エ　共同著作物の著作権者は，他の著作権者の同意を得ずに，差止請求をすることができる。

解答解説

104
正解: イ

ア　適切

　法人の従業者が，その法人の業務に関し著作権を侵害した場合，行為者を罰するほかその法人に対して罰金刑が科されることがあります（著124条1項）。

イ　不適切

　著作権法には，特許法第103条のような権利侵害者の過失推定に関する規定がありません。したがって，著作権を侵害した者は，その侵害行為について過失があったものと推定されることはありません。

ウ　適切

　著作権又は著作者人格権を侵害した場合に，刑事罰の適用を受ける場合があります（著119条1項，2項）。

エ　適切

　共同著作物の著作権は，その共有者全員の合意によらなければ，行使することができません（著65条2項）。ここで，著作権の行使とは，他人に共同著作物の利用を許諾することや，共同著作物を各共有者が自ら利用することなどです。他方，著作権侵害行為に対する差止請求及び損害賠償請求は，他の著作権者の同意を得ずに行うことができます（著117条1項）。

著作権法

105

　著作権等の侵害に関して，X社の法務部の**甲**が発言をしている。**ア〜エ**を比較して，最も適切と考えられるものを1つだけ選びなさい。

ア　「著作権侵害の損害賠償請求訴訟において，侵害者の過失が推定されるため，侵害者の過失を立証する必要はありません。」

イ　「著作者の死亡と同時に著作者人格権も消滅するため，著作者死亡の後であれば，著作物を自由に改変することができます。」

ウ　「著作権の侵害訴訟を提起するためには，その著作権に係る著作物について，著作権登録がされていることが必要です。」

エ　「共同著作物に係る著作権を侵害された場合，各著作権者は他の著作権者の同意を得ずに，差止請求することができます。」

解答解説

105

ア　不適切

　著作権法では，特許法のように侵害行為について侵害者の過失を推定する規定がありません。したがって，著作権侵害の損害賠償請求訴訟では，著作権者が，侵害者の過失を立証する必要があります（民709条）。

イ　不適切

　著作者人格権は，著作者の一身に専属するため（著59条），著作者の死亡と同時に消滅します。一方，著作者の死後であっても，著作者が生存しているとしたならば著作者人格権の侵害となるべき行為をすることはできないため，著作物を自由に改変することはできません（著60条）。

ウ　不適切

　著作権の侵害訴訟を提起する上で，その著作権に係る著作物について，著作権登録がされている必要はありません。

エ　適切

　共同著作物に係る著作権を侵害された場合，各著作権者は他の著作権者の同意を得ずに，差止請求することができます（著117条1項）。

著作権法

その他の
知的財産に
関する法律

31.不正競争防止法

重要Point

・不正競争行為の類型

周知表示混同惹起行為	他人の周知な商品等表示を使用するなどして，他人の商品等と混同を生じさせる行為
著名表示冒用行為	他人の著名な商品等表示を使用するなどの行為
商品形態模倣行為	他人の商品の形態を模倣した商品を販売等する行為
営業秘密不正取得等行為	不正な手段により営業秘密を取得等する行為
原産地等誤認惹起行為	商品等の品質を誤認させるような表示をする等の行為
競争者営業誹謗行為	競争関係にある他人の信用を失わせるような行為

学科問題

(44回　学科　問20)

106

　ア～エを比較して，不正競争防止法で規制される行為に該当するものとして，最も**不適切**と考えられるものはどれか。

ア　自己の商品表示として他人の著名な商品表示と類似のものを使用して商品を販売する行為

イ　取引によって営業秘密を取得した者（その取得した時にその営業秘密について営業秘密不正取得行為が介在したことを知らず，かつ，知らないことにつき重大な過失がない者）がその取引によって取得した権原の範囲内においてその営業秘密を使用する行為

ウ　商品に，その商品の品質について誤認させるような表示をする行為

エ　他人の商号として需要者の間に広く認識されているものと類似の商号を使用し，他人の商品又は営業と混同を生じさせる行為

解答解説

106

ア　適切

　自己の商品等表示として他人の著名な商品等表示と同一もしくは類似のものを使用する行為は，不正競争行為に該当します(不競2条1項2号)。

イ　不適切

　取引によって営業秘密を取得した者が，その営業秘密を取得した時にその営業秘密について不正取得行為が介在したことを知らず，かつ，知らないことにつき重大な過失がない場合は，その取引によって取得した権原の範囲内においてその営業秘密を使用する行為は，不正競争防止法第2条第1項第9号の適用除外となるため，不正競争行為に該当しません(不競19条1項7号)。

ウ　適切

　商品に対して，その商品の品質について誤認させるような表示をする行為は，不正競争行為に該当します(不競2条1項20号)。

エ　適切

　他人の商号として需要者の間に広く認識されているものと類似の商号を使用し，他人の商品又は営業と混同を生じさせる行為は，不正競争行為に該当します（不競2条1項1号）。

不正競争
防止法

107

　飲料容器メーカーX社の知的財産部の部員**甲**が，新しく発売した，新規形状のステンレス製のタンブラーAについて説明を行っている。**ア～エ**を比較して，**甲**の発言として，最も**不適切**と考えられるものを1つだけ選びなさい。

ア　「タンブラーAは新規形状であり，新たな商品名Bで販売を始めました。まだ発売されたばかりですが，テレビで宣伝しているので，商品名Bもそれなりに知られています。商品名Bについて商標登録出願をしたところ，きわめて簡単でありふれた名称であるとして商標登録を受けられませんでしたが，不正競争防止法では保護される可能性があります。」

イ　「タンブラーAの形状に関しては，意匠法及び不正競争防止法第2条第1項第3号（商品形態模倣行為）による保護が可能です。その場合，不正競争防止法で保護される期間が，意匠法で保護される期間よりも短いので注意が必要です。ただ，タンブラーAに関しては，日本国内で最初に販売してから2年後には新規デザインの次世代製品に替わる予定ですので，問題はないと思います。」

ウ　「既に，Y社がタンブラーAと酷似しているタンブラーCを製造販売していることが判明しました。調査したところ，X社でタンブラーAを製造するための特殊なプレス装置の設計開発をしていた研究者**乙**が，6ヵ月前にX社を退社し，すぐにY社に入社しています。**乙**がX社の在籍時に担当していた装置の設計図をそのまま流用しない限り，早期にタンブラーCを製造するのは困難なはずです。しかしながら，退社後ということもあり，X社は，不正競争防止法による保護を受けることはできないでしょう。」

エ　「タンブラーAの形態の模倣品の販売に対しては，意匠法及び不正競争防止法において，差止請求及び損害賠償請求が可能であり，またいずれの法律においても，刑事罰の適用対象とされています。」

解答解説

107

ア 適切

　商品名Ｂが商標登録を受けられなかったとしても，Ｘ社のタンブラーＡの商品等表示として周知又は著名である場合，不正競争防止法によって保護され，具体的には，他人による商品名Ｂの使用を不正競争行為として規制することができます（不競２条１項１号，２号）。

イ 適切

　タンブラーＡの形状は，意匠法上の意匠に該当するため，意匠法の保護対象に該当します（意２条１項）。また，タンブラーＡの形状を無断で模倣する行為は，不正競争行為として不正競争防止法によって規制されます（不競２条１項３号）。ここで，不正競争防止法による保護期間は，日本国内において最初に販売された日から３年であり（不競19条１項６号イ），意匠権による保護期間（権利期間）に比べて短くなっています。ただし，本問のように，日本国内で最初に販売してから２年後にデザインが替わる場合には，不正競争防止法による保護を選んでも問題ないと考えられます。

ウ 不適切

　タンブラーＡ製造用のプレス装置の設計図は，営業秘密に該当し，その設計図をＸ社の従業員であった乙が転職先のＹ社に開示し，Ｙ社がその情報を利用してタンブラーＣを販売する行為は，不正競争行為に該当します（不競２条１項10号）。したがって，Ｘ社は，Ｙ社のタンブラーＣの販売行為に対して不正競争防止法に基づく措置を講じることができます。

エ 適切

　タンブラーＡの形態について意匠権を取得した場合，その形態の模倣品の販売に対しては，意匠権に基づく差止請求及び損害賠償請求が可能です（意37条，民709条）。また，タンブラーＡの形状を無断で模倣する行為は，不正競争行為に該当するため（不競２条１項３号），その行為に対して差止請求及び損害賠償請求が可能です（不競３条，４条）。

　さらに，タンブラーＡの形状を模倣する行為は，意匠法及び不正競争防止法のいずれにおいても，刑事罰の適用対象になることがあります（意69条，不競21条）。

108

　通信機器メーカーX社は，X社のアンテナと競合他社であるY社のアンテナとを対比し，X社のアンテナが優れているという実験結果を示したコマーシャルを流した。**ア～エ**を比較して，Y社の知的財産部の部員の発言として，最も<u>**不適切**</u>と考えられるものはどれか。

ア　「X社のアンテナが優れているということを示す実験結果が虚偽であり，故意によりわが社の信用が害された場合は，X社に対してわが社の信用を回復する措置を請求できます。」

イ　「X社のアンテナが優れているということを示す実験結果が事実である場合には，X社の広告は不正競争行為に該当しません。」

ウ　「X社のアンテナが優れているということを示す実験結果が虚偽ではない場合であっても，わが社の信用は害されたのだから，X社の広告は不正競争行為に該当します。」

エ　「X社のコマーシャルが，実験結果以外に，アンテナの製造国を誤認させるような表示をしている場合には，X社の広告は不正競争行為に該当します。」

解答解説

108　　　　　　　　　　　　　　　　　　　　　　　**正解: ウ**

　競争関係にある他人の営業上の信用を害する虚偽の事実を告知し，又は流布する行為は，不正競争行為に該当します（不競2条1項21号）。また，商品の広告にその商品の品質等について誤認させるような表示をする行為も不正競争行為に該当します（不競2条1項20号）。

ア　適切

　X社のアンテナが優れているということを示す実験結果が虚偽である場合は，Y社はX社に対して，Y社の信用を回復する措置を請求できます（不競14条）。

イ　適切

　X社のアンテナが優れているということを示す実験結果が事実である場合には，その実験結果をコマーシャルで流したとしても不正競争行為に該当しません（不競14条）。

ウ　不適切

　X社のアンテナが優れているということを示す実験結果が虚偽ではなく真実である場合，その実験結果をコマーシャルで流す行為は，たとえY社の信用が害されたとしても不正競争行為に該当しません。

エ　適切

　X社のコマーシャルがアンテナの製造国を誤認させるような表示をしている場合には，X社の広告は不正競争行為に該当します。

重要Point

- **契約**は，内容が**確定**でき，**適法**なもので，内容が**適法**かつ**社会的に妥当**と認められるものでなくてはならない
- 契約者には，**権利能力**，**意思能力**および**行為能力**が必要とされている
- **瑕疵**ある意思表示

心裡留保	真意ではないことを知りながら意思表示をすること
虚偽表示	相手方と通じて真意ではない意思表示をすること
錯誤	表意者が気付かぬまま，内心の意思とは異なる表示行為で意思表示をすること
詐欺	欺いて他人を錯誤に陥らせ，それにより意思表示させること
強迫	他人に害意を示して恐怖の念を生じさせ，それにより意思表示させること

学科問題

（41回　学科　問22）

109

ア〜エを比較して，契約に関して，最も**不適切**と考えられるものはどれか。

ア 売買契約において，売主が引き渡した物が契約の内容に適合しなかった場合，買主は売主に対して，補修・代替物の引渡し，不足分の引渡しによる履行の追完を請求することができる場合がある。

イ 契約の当事者の一方は，相手方がその債務の履行を提供するまでは，自己の債務の履行を拒むことができる場合がある。

ウ 相手方が売買契約を履行しない場合に契約を解除したときは，解除の効力は将来に向かってのみ発生する。

エ 相手方が契約内容を履行しない場合，不法行為に基づく損害賠償以外の損害賠償を請求することができる場合がある。

解答解説

109 正解: ウ

ア　適切

　売買契約において，売主が引き渡した物が種類，品質又は数量に関して契約の内容に適合しなかった場合，買主は売主に対して，補修・代替物の引渡し，不足分の引渡しによる履行の追完を請求することができる場合があります（民562条1項）。

イ　適切

　双務契約の当事者は，同時履行の抗弁権を有しています（民533条）。したがって，契約の当事者の一方は，相手方がその債務の履行を提供するまで，自己の債務の履行を拒むことができます。

ウ　不適切

　相手方が売買契約を履行しない場合に当事者の一方が契約を解除したときは，その解除の効力は遡及し，契約がなかった状態に戻す必要があります（民545条1項）。つまり，契約の解除の効力は，将来のみではなく過去にさかのぼって効力を発生します。

エ　適切

　債務者の債務不履行によって損害が生じた場合，債権者は，その損害の賠償を債務者に請求することができます（民415条）。また，故意又は過失によって不法行為を行った者に対しては，その不法行為によって生じた損害の賠償を請求することができます（民709条）。したがって，相手方が債務を履行しないことで損害が生じた場合，その行為が不法行為に該当するときには，債務不履行による損害賠償請求とともに不法行為に基づく損害賠償請求を行うことができます。

民法

110

　ア〜エを比較して，ライセンス契約に関して，最も適切と考えられるものはどれか。

ア　相手側が契約内容を履行しない場合，契約を解除することができる。

イ　ライセンス契約の内容として，損害賠償義務を明示しない場合，債務不履行による損害賠償請求は可能であるが，不法行為に基づく損害賠償請求はできない。

ウ　ライセンス契約の場合，売買契約と異なり，契約不適合責任が生じることはない。

エ　ライセンス契約は，口頭で行った場合に成立することはない。

110 正解: ア

ア 適切

　当事者の一方がその債務を履行しない場合において，相手方が相当の期間を定めてその履行の催告をし，その期間内に履行がないとき，相手方は，契約を解除することができます（民541条）。

イ 不適切

　損害賠償請求の要件として，契約において損害賠償義務を明示する必要はありません（民415条，709条）。したがって，ライセンス契約の内容として，損害賠償義務を明示しなかった場合であっても，債務不履行による損害賠償請求や不法行為に基づく損害賠償請求ができる場合があります。

ウ 不適切

　例えばライセンス契約の対象となる特許発明が実施不能である場合など，ライセンス契約の対象となる知的財産権自体に何らかの欠陥があれば，契約不適合責任が生じることになります。

エ 不適切

　契約は，申込の意思表示と承諾の意思表示とが合致した時点で成立しますので，口頭での契約であっても有効に成立します。これはライセンス契約でも同様であり，実施許諾を求める側（ライセンシー）の意思表示と，実施許諾をする側（ライセンサー）の意思表示とが合致すれば，口頭でのライセンス契約であっても有効に成立します。

民法

111

　飲料水メーカーX社は，映像制作会社Y社との間で，新商品のお茶のCM映像の制作依頼契約を締結した。この契約において，Y社の映像の引渡時期は令和4年5月10日であり，X社の代金支払期日は令和4年6月30日であったが，令和4年7月10日現在において，Y社は完成した映像をX社に引き渡していない。**ア～エ**を比較して，X社のとり得る措置として，最も**不適切**と考えられるものはどれか。

ア　X社は，Y社の本社へ行って映像を勝手に持ち出すことはできない。

イ　X社は，Y社が代金の支払を請求してきた場合，当該請求を拒むことができる。

ウ　X社は，一方的に直ちに契約を解除することができる。

エ　X社は，裁判所に履行の強制を申し立てることにより，強制的に履行を実現させることができる。

解答解説

111   正解: ウ

ア　適切

　日本では，いわゆる自力救済が認められていません。したがって，引渡し期日が経過した時点でＹ社が映像を引き渡さない場合であっても，Ｘ社は，Ｙ社の本社へ行って，映像を勝手に持ち出すことができません。

イ　適切

　契約当事者の一方は，相手方がその債務を履行するまで，同時履行の抗弁権を有し，自己の債務の履行を拒むことができます（民533条）。したがって，Ｙ社が映像を引き渡していない場合，同時履行の抗弁権によりＸ社は当該請求を拒むことができます。

ウ　不適切

　当事者の一方がその債務を履行しない場合，相手方は，相当の期間を定めてその履行の催告をし，その期間内に履行がないときには契約の解除をすることができます（民541条）。したがって，引渡し期日が経過した時点でＹ社が映像を引き渡さない場合であっても，Ｘ社は，履行の催告を行う必要があるため，一方的に直ちに契約を解除することができません。

エ　適切

　債務者が債務の履行をしないとき，債権者は，債務の強制履行を裁判所に請求することができます（民414条1項）。したがって，引渡し期日が経過した時点でＹ社が映像を引き渡さない場合，Ｘ社は，裁判所に強制履行を申し立てて強制的に履行を実現させることができます。

重要Point

私的独占	他の事業者の活動を**排除して支配し**, 競争を実質的に制限する行為
不当な取引制限	**カルテル**や**入札談合**など,公正な競争を阻害する行為
不公正な取引方法	公正な競争を妨げるおそれがあるもののうち, **公正取引委員会が指定**する行為

- **独占禁止法**は,**公正取引委員会**により運用され,事務所などに立入調査,違反者に対し排除措置や課徴金の納付を命ずることや,違反事業者に対して**懲役**や**罰金**などを課すこともできる
- 特許権のライセンス契約において,ライセンスを受ける側に対して,特許権者の**権利行使の範囲を超えた要求**をした場合には,独占禁止法違反に該当することがある

学科問題

112　　　　　　　　　　　　　　　　　　　　　　　（38回　学科　問1）

　ア～エを比較して,独占禁止法に関して,最も**不適切**と考えられるものはどれか。

ア　企業間において,生産数量を制限する協定を結ぶことは,独占禁止法の違反に該当する場合がある。

イ　大企業が下請会社にその地位を利用して無理を押し付けるような,自由な競争の基盤を侵害するおそれがある行為は,不公正な取引方法に該当する場合がある。

ウ　同業他社との共同開発契約において,競合する会社を排除するための合意を行うことは不当な取引制限に該当する。

エ　独占禁止法上の違反者に対して,懲役や罰金が科される場合がある。

112   正解: ウ

ア　適切

　企業間において，市場分割や数量を制限する協定を結ぶカルテルは，相互にその事業活動を制限することで公共の利益に反して一定の分野における競争を実質的に制限する行為にあたるので，不当な取引制限として独占禁止法の違反に該当することがあります（独2条6項）。

イ　適切

　大企業が下請会社にその地位を利用して無理を押し付けるような，自由な競争の基盤を侵害するおそれがある行為は，自己の取引上の地位が相手方に優越していることを利用して取引の相手方に不利益となるように取引を実施する行為であり，不公正な取引方法に該当します（独2条9項5号）。

ウ　不適切

　同業他社との共同開発契約において，競合する会社を排除するための合意を行うことは，他の事業者の事業活動を排除して競争を実質的に制限する行為にあたるので，私的独占に該当します（独2条5項）。

エ　適切

　私的独占又は不当な取引制限をした場合や一定の取引分野における競争を実質的に制限した場合など，独占禁止法上の違反者に対しては，懲役や罰金が科されます（独89条1項）。

独占禁止法

 学科問題

113 (44回　学科　問38)

ア～エを比較して，独占禁止法に関して，最も適切と考えられるものはどれか。

ア 特許ライセンス契約において，ライセンスを受けた者が競争技術を開発することを禁止することは，独占禁止法上，問題にならない。

イ 会社の役員が他社の役員を兼任することについて，独占禁止法違反となる場合がある。

ウ 1つの会社が，品質の優れた商品を安く供給することにより市場を独占してしまう場合は，私的独占として独占禁止法違反となる。

エ 特許ライセンス契約において，許諾に係る製品の販売価格を制限することは，独占禁止法上，問題にならない。

解答解説

113 正解: イ

ア 不適切

特許ライセンス契約において，ライセンスを受けた者が競争技術を開発することを禁止することは，独占禁止法上，不公正な取引方法に該当し，問題になる可能性が高いです（公正取引委員会HP：知的財産の利用に関する独占禁止法上の指針）。

イ 適切

会社の役員が他の会社の役員の地位を兼任することにより，一定の取引分野における競争を実質的に制限することとなる場合には，他の会社の役員を兼任することについて，独占禁止法で禁止される場合があります（独13条1項）。

ウ 不適切

一つの会社が，品質の優れた商品を安く供給することによって市場を独占したとしても，それは公正かつ自由な競争を妨げる行為ではないため，独占禁止法違反にはなりません。

エ 不適切

特許ライセンス契約において，許諾に係る製品の販売価格を制限することは，一般的に不公正な取引方法に該当すると考えられ，独占禁止法上，問題となります（公正取引委員会HP：知的財産の利用に関する独占禁止法上の指針）。

独占禁止法

34.種苗法

重要Point

- 日本国では，植物の品種について，**特許法**および**種苗法**で保護を受けることができる
- **品種登録要件**

区別性	出願時に国内外で公知の品種から明確に区別できること
均一性	同一の繁殖段階に属する植物体のすべてが，特性の全部において十分に類似していること
安定性	繰り返し繁殖させた後においても，特性の全部が変化しないこと
未譲渡性	出願日から国内で1年（外国では4年）さかのぼった日より前に業として譲渡されていないこと
名称の適切性	品種の名称が既存の品種や登録商標と紛らわしいものでないこと

- 品種登録を受けようとする者は，**農林水産大臣**に出願書類を提出し，出願が受理されると農林水産大臣によって**遅滞なく出願公表**が行われる
- 育成者権者は登録品種と同一および当該登録品種と特性により明確に区別されない品種を業として**利用する権利**を有する
- **試験**または**研究目的**の場合や，特許を有する者がその**特許された方法により登録品種の種苗を利用**する場合は，育成者権者の許諾がなくても利用することができる

学科問題

（39回　学科　問2）

114

　ア～エを比較して，種苗法に基づく品種登録に関して，最も**不適切**と考えられるものはどれか。

ア　出願品種が出願の日から10カ月前に日本国内で業として譲渡されていても，品種登録を受けることができる場合がある。

イ　品種登録の要件として，既存の品種から当業者が容易に創作できない品種であることは必要ではない。

ウ　品種登録出願がされると農林水産大臣によって遅滞なく出願公表が行われる。

エ　1つの品種について，複数の名称を付けて出願することができる。

解答解説

114

ア　適切

　品種登録の要件として，出願品種が出願の日から1年さかのぼった日前に日本国内で業として譲渡されていないことが必要です(種4条2項)。したがって，10カ月前に日本国内で業として譲渡されていても，品種登録を受けることができる可能性はあります。

イ　適切

　種苗法では，品種登録の要件として，特許法の進歩性(特29条2項)のように既存の品種から当業者が容易に創作できない品種であることは要件ではありません。

ウ　適切

　農林水産大臣は，品種登録出願を受理したときは，遅滞なくその品種登録出願について出願公表を行うことになっています(種13条1項)。

エ　不適切

　願書には，出願品種の名称を記載します(種5条1項3号)。ただし，1つの品種に対して複数の名称を付けることはできません(種4条1項1号)。

115

　ア〜エを比較して，種苗法に関して，最も適切と考えられるものはどれか。

ア　品種登録を受けるためには，均一性，安定性，区別性，未譲渡性及び名称の適切性の要件を満たすことが必要である。
イ　育成者権の効力は，農業者が登録品種に係る収穫物の一部を次の作付けの種苗として使用する行為に対して及ばない。
ウ　育成者権の存続期間は登録の日から10年間であるが，申請により存続期間を更新することができる。
エ　植物の新品種は，種苗法により保護されるため，特許法による保護を受けることが一切できない。

解答解説

115

ア　適切

　種苗法では，品種登録を受ける要件として，均一性，安定性，区別性，未譲渡性及び名称の適切性が規定されています（種3条1項各号，4条2項）。したがって，品種登録を受けるためには，これらの要件を満たすことが必要となります。

イ　不適切

　農業者が登録品種に係る収穫物の一部を次の作付けの種苗として使用する行為，いわゆる自家増殖は，以前は種苗法において育成者権の効力が及ばない行為として規定されていましたが，令和4年の法改正により，自家増殖に対しても育成者権の効力が及ぶことになり，原則として，育成者権者の許諾が必要になりました。

ウ　不適切

　育成者権の存続期間は，品種登録の日から25年で終了します（種19条2項）。また，種苗法には，申請により存続期間を更新することができるという規定はありません。

エ　不適切

　日本は，TRIPS協定第27条第3項（b）の規定に従い，植物の品種を特許法及び種苗法により保護することにしています。したがって，植物の新品種は，種苗法だけでなく，特許要件を満たした場合には，特許法による保護を受けることができます。

種苗法

116

　X社は，キウイフルーツの品種Aを育成し，その品種登録の出願をするにあたって，検討会を開催した。**ア～エ**を比較して，検討会でのX社の担当者の発言として，最も**<u>不適切</u>**と考えられるものを1つだけ選びなさい。

ア　「品種Aについて，その出願前から存在する他の『キウイフルーツ』の品種から，いわゆる当業者が容易に品種改良できなかったことを確認する必要があります。」

イ　「品種Aについて，その出願前に売れる見込があるかどうか日本国内で試験販売をしていましたが，出願日から1年遡った日前に試験販売をしていると品種登録が受けられなくなりますので，いつからその試験販売をしているのか確認が必要です。」

ウ　「品種Aについて繰り返し繁殖させた後においても，特性が安定していることの確認が必要です。」

エ　「品種Aについて，同一世代で特性が十分に類似していることの確認が必要です。」

解答解説

116

ア　不適切

品種登録を受けるための要件として，特許法における進歩性に相当する要件はありません。したがって，品種Aについて品種登録を受ける上で，出願前から存在する他のキウイフルーツの品種からいわゆる当業者が容易に品種改良できなかったことを確認する必要はありません。

イ　適切

品種登録を受けるためには，出願に係る品種の種苗又は収穫物が日本国内において品種登録出願の日から１年さかのぼった日前に業として譲渡されていないことが必要です（種４条２項）。このため，品種Aについて，その出願前に売れる見込みがあるかどうか試験販売をした場合，出願日から１年さかのぼった日前に試験販売をしていると品種登録が受けられなくなるので，いつからその試験販売をしているのかを確認する必要があります。

ウ　適切

品種登録を受けるためには，出願に係る品種を繰り返し繁殖させた後においても特性の全部が変化しないことが必要です（種３条１項３号）。そのため，品種Aについて品種登録を受ける上で，品種Aについて繰り返し繁殖させた後において特性が安定していることを確認する必要があります。

エ　適切

品種登録を受けるためには，同一の繁殖の段階に属する植物体のすべてが特性の全部において十分に類似していることが必要です（種３条１項２号）。そのため，品種Aについて品種登録を受ける上で，同一世代で特性が十分に類似していることを確認する必要があります。

種苗法

117

　種苗メーカーX社は，技術者**甲**が育成した品種Aについて品種登録出願手続を行うこととした。**ア～エ**を比較して，最も**不適切**と考えられるものを1つだけ選びなさい。

ア　品種Aは永年性植物に関するものではないので，育成者権の存続期間は，品種登録の日から25年となる。

イ　品種登録出願の審査において拒絶理由が発見された場合，出願者に通知され，意見書の提出の機会が与えられる。

ウ　品種登録出願をしたときは，当該出願について品種登録がされるまで，その内容に関して公表されることはない。

エ　品種登録出願の願書は，農林水産大臣に対して提出しなければならない。

 解答解説

正解: ウ

ア 適切

育成者権の存続期間は，原則として品種登録の日から25年です。なお，木本性植物（永年性植物）については，品種登録の日から30年となっています（種19条2項）。

イ 適切

品種登録出願について拒絶しようとするときは，農林水産大臣が出願者に対して拒絶理由を通知し，相当の期間を指定して意見書を提出する機会が与えられます（種17条3項）。

ウ 不適切

品種登録出願は，受理されると，その後遅滞なく農林水産大臣によって出願公表されます（種13条1項）。したがって，品種登録出願について品種登録がされる前にその内容が公表されることになります。

エ 適切

品種登録を受けようとする者は，所定の事項を記載した願書を農林水産大臣に提出しなければなりません（種5条1項柱書）。

35.関税法

重要Point

- **関税法**では，特許権や意匠権等の権利化されたもののみが対象ではなく，不正競争防止法に掲げる行為により組成される物品も関税法で規定される**輸出または輸入してはならない貨物**の対象となる
- 輸出または輸入してはならない貨物に該当すると**税関長**が判断したときは，**認定手続**が取られ，同時に，その貨物に係る特許権者等および輸出または輸入しようとする者に対し，**認定手続**を取る旨や，**証拠**の**提出**や**意見**を**述べる**ことが可能な旨が通知される
- 輸出者や輸入者だけではなく，特許権者等も，税関長に証拠を提出し，認定手続をとるよう申し立てることができる
- 特許権者等からの申し立てにより認定手続が取られた輸出入者は，税関長に対し，認定手続を取り止めるよう求めることができる
- 税関長は輸出または輸入してはならない貨物に該当すると認定したときは，それらの貨物を**没収**して**廃棄**できる

学科問題

118

(42回　学科　問3)

　ア～エを比較して，模倣品や海賊版対策に関して，最も**不適切**と考えられるものはどれか。

ア 輸入禁止の貨物に該当するか否かの認定手続において，特許権者は，税関長に対し，特許庁長官の意見を聴くことを求めることができる。

イ 特許権，実用新案権，意匠権，商標権，著作権，著作隣接権を有していなくとも，貨物の輸入を防ぐことができる場合がある。

ウ 税関長は，貨物を輸入しようとする者に対し，当該貨物の積戻しを命じることができる。

エ 税関において職権で知的財産侵害物品を差し止めるため，特許権者等の権利者が事前に税関長に証拠を提出し，認定手続をとるように申立てをすることはできない。

解答解説

118

正解：エ

ア 適切

輸入禁止の貨物に該当するか否かの認定手続において，その荷物に係る特許権者は，税関長に対し，特許庁長官の意見を聴くことを求めることができます(関69条の17第1項)。

イ 適切

特許権，実用新案権，意匠権，商標権，著作権又は著作隣接権を侵害する物品の他，不正競争防止法第2条第1項第1号に掲げる行為（他人の周知の商品等表示を使用等して混同を惹起する行為）を組成する物品も輸入規制の対象となります（関69条の11第1項10号）。したがって，特許権等の知的財産権を有していなくとも，不正競争行為を組成する物品であれば，貨物の輸入を防ぐことができる場合があります。

ウ 適切

税関長は，関税法第69条の11第1項第1号～第6号，第9号又は第10号に掲げる貨物を輸入しようとする者に対し，当該貨物の積戻しを命じることができます(関69条の11第2項)。

エ 不適切

特許権者等の権利者は，税関長に対し事前に証拠を提出し，輸出又は輸入されようとする貨物が知的財産侵害物品に該当するか否かに関して，認定手続をとるように申し立てることができます(関69条の3第1項，69条の13第1項)。

その他の知的財産に関する法律

36.外為法

重要Point

- **外為法**は，貨物の輸出と技術の提供を規制する法律であり，特に技術の提供，いわゆる**技術移転**に関する規制が知的財産管理と関連している
- 外為法では武器等をリスト化して規制する**リスト規制**があるが，ほかにも**大量破壊兵器**や**通常兵器開発等**に用いられるおそれがある場合には許可が必要となる**キャッチオール規制**の２種類の規制がある
- **技術の提供**は，図面，設計図等による場合のみならず，データ化したUSBメモリ等の持ち出しや電子メール，電話等による場合も含まれる
- リスト既製品であったも，新聞，書籍，雑誌等により，既に**不特定多数の者に対して公開されている公知の技術**を提供する取引等は許可を要しない

実技問題

119

（44回　実技　問27）

　株式会社東京証券取引所のスタンダード市場に上場しているロケット部品メーカーX社は，独自に開発した新製品であるロケット部品Aの製造販売を開始しようとしている。**ア〜エ**を比較して，X社の知的財産部の部員**甲**の発言として，最も適切と考えられるものを１つだけ選びなさい。

ア「わが社はコーポレートガバナンス・コードの対象です。しかし，他社の特許権侵害を避けるための侵害予防調査は，既に特許された発明についてのみ調査すれば十分であり，出願公開された発明すべてを調査する必要はありません。」

イ「ロケット部品Aはわが社の特許権で保護されていますので，他社の特許権を侵害するリスクはありません。」

ウ「ロケット部品Aが侵害していると思われる実用新案権を発見しても，その権利が出願日から９年10カ月経過している場合は，もう２カ月待てば権利が切れるので，その後に製造販売を開始すれば大丈夫です。」

エ「ロケット部品Aについて製造販売する前に，問合せのあった外国企業へロケット部品Aに係る技術の内容について情報提供する際に，外為法に基づく許可等の申請が必要となる場合はありません。」

198

解答解説

119

ア　不適切

　出願公開された発明は，侵害予防調査の時点で特許されてなくても，将来特許になる可能性があり，その場合に当該特許発明を無断で実施してしまうと，特許権を侵害することになります。そのため，他社の特許権侵害を避けるための侵害予防調査は，既に特許された発明についての調査だけでは足りず，自社の事業と関連する技術分野について出願公開された発明を調査する必要があります。

イ　不適切

　自社の技術について特許権を保有していたとしても，その特許発明が，他社が自社よりも先に出願して特許を受けた発明を利用したものである場合，自社の特許発明を実施することができないため（特72条），無断で自社の特許発明を実施すると，他社の特許権を侵害することになります。

ウ　適切

　実用新案権の存続期間は，出願日から10年で終了します（実15条）。したがって，自社製品が侵害すると思われる他社の実用新案権を発見しても，権利満了間近であれば，権利満了日まで待ち，その権利が消滅した後に自社製品の製造販売を開始すれば大丈夫です。

エ　不適切

　特定の技術を特定の外国に提供することを目的とする取引を行う場合，当該取引について，経済産業省大臣の許可を受けなければなりません（外為法25条）。本問の場合，ロケットに関する技術は，外為法の規制対象となるため（外為令別表），外国企業へロケット部品Aに係る技術の内容について情報提供する際に，外為法に基づく許可等の申請が必要となる場合があります。

37.弁理士法

重要Point

- **弁理士**は，**知的財産権**の適正な**保護**および**利用の促進**その他の知的財産に係る制度の**適正な運用**に**寄与**し，もって**経済**および**産業の発達**に資することを**使命**としている
- 弁理士※の**独占業務**

① 産業財産権（工業所有権）手続等業務
② 紛争処理業務
③ 取引関連業務
④ 補佐人業務
⑤ 訴訟代理業務　　　　　　　　　　　　　　※**弁護士，弁理士法人**を含む

- 弁理士以外の者であっても，業として，特許料等の**納付**や特許原簿等への**登録申請**の手続きを行うことができる

学科問題

120　　　　　　　　　　　　　　　　　　　　（39回　学科　問4/改）

　ア～エを比較して，弁理士又は弁理士法人の独占業務として，最も適切と考えられるものはどれか。

ア　特許料を納付すべき期間の延長の請求の代理

イ　特許協力条約（PCT）に基づく国際出願に関する特許庁における手続の代理

ウ　特許権の移転登録申請手続の代理

エ　特許原簿への登録の申請手続の代理

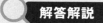

解答解説

120 正解: イ

ア 不適切

特許料を納付すべき期間の延長の請求の代理は，弁理士又は弁理士法人の独占業務ではありません(弁理士法75条かっこ書，弁理士法施行令7条2号)。

イ 適切

特許協力条約(PCT)に基づく国際出願に関する特許庁における手続の代理は，弁理士又は弁理士法人の独占業務に該当します(弁理士法75条)。

ウ 不適切

特許権の移転登録申請手続の代理は，弁理士又は弁理士法人の独占業務ではありません(弁理士法75条かっこ書，弁理士法施行令7条9号)。

エ 不適切

特許原簿への登録の申請手続の代理は，弁理士又は弁理士法人の独占業務ではありません(弁理士法75条かっこ書)。

実力テスト
学科問題

ア〜エを比較して，意匠法における内装の意匠に関する次の文章の空欄
[　1　]〜[　4　]に入る語句の組合せとして，最も適切と考えられるものは
どれか。

店舗，事務所その他の施設の[　1　]設備及び装飾（内装）を構成する
[　2　]，建築物又は画像に係る意匠は，[　3　]として[　4　]を起こさ
せるときは，一意匠として出願をし，意匠登録を受けることができる。

ア　[　1　]＝主要な
　　　[　2　]＝物品
　　　[　3　]＝構成要素
　　　[　4　]＝統一的な美感
イ　[　1　]＝内部の
　　　[　2　]＝物品
　　　[　3　]＝内装全体
　　　[　4　]＝統一的な美感
ウ　[　1　]＝主要な
　　　[　2　]＝機器
　　　[　3　]＝構成要素
　　　[　4　]＝一体感
エ　[　1　]＝内部の
　　　[　2　]＝機器
　　　[　3　]＝内装全体
　　　[　4　]＝一体感

問2　　　　　　　　　　　　　　　　38回　学科　問17

ア〜エを比較して，意匠権に関して，最も**不適切**と考えられるものはどれか。

ア　意匠の実施に該当する行為は意匠法に規定されており，意匠に係る物品を製造する行為はこれに含まれる。

イ　他人の特許権と，意匠権のうち登録意匠に係る部分とが抵触していても，特許発明又は登録意匠の実施は制限されない。

ウ　意匠の類否判断は，需要者の視覚を通じて起こさせる美感に基づいて行うものとする旨が意匠法に規定されている。

エ　試験又は研究を目的とする登録意匠の実施には，意匠権の効力は及ばない。

問3　　　　　　　　　　　　　　　　40回　学科　問2

ア〜エを比較して，特許法における補償金請求権に関する次の文章の空欄　1　〜　3　に入る語句の組合せとして，最も適切と考えられるものはどれか。

特許出願人は，　1　から特許権の設定登録がされるまでの期間に，特許出願に係る発明について，　2　した者に対して，　3　に相当する補償金の支払を請求することができる。この補償金の支払の請求は，特許権の設定登録後に行うことができる。

ア　1　＝特許出願
　　　2　＝侵害
　　　3　＝侵害による損害額
イ　1　＝特許出願
　　　2　＝侵害
　　　3　＝実施に対して受けるべき金銭の額
ウ　1　＝出願公開
　　　2　＝業として実施
　　　3　＝実施に対して受けるべき金銭の額
エ　1　＝出願公開
　　　2　＝業として実施
　　　3　＝侵害による損害額

　ア～エを比較して，不正競争防止法に規定する不正競争行為に関して，最も適切と考えられるものはどれか。

ア　需要者の間に広く知られている自己の商品の包装と類似する包装を使用した他人の商品が販売され，自己の商品との間に混同が生じていた場合，不正競争行為を理由としてその販売の差止めを請求することができる。

イ　他人の著名な商品等表示と同一又は類似の商品等表示が使用されていた場合，他人の商品等表示と市場において混同が生じていることを立証しない限り，不正競争行為を理由とした損害賠償請求の対象にならない。

ウ　商標登録が認められなかった商標の第三者による使用については，不正競争行為を理由とした損害賠償請求の対象とならない。

エ　商品等表示の類似性の判断においては，たとえ，全体的な印象に顕著な差異がなく，時と場所を変えて観察したときには誤認の可能性があるとしても，商品を同時に並べて注意深く観察したときに差異が発見されるのであれば類似とはいえない。

　ア～エを比較して，知的財産戦略に関して，最も**不適切**と考えられるものはどれか。

ア　特許出願をすべきか営業秘密として管理すべきかについては，技術的に高度な発明の場合には特許出願をすべきであり，技術的にそれほど高度ではない発明の場合には営業秘密として一律に管理すべきである。

イ　海外出願先を決定するにあたっては，現在の市場国，将来の市場国，自社の生産国，自社の生産予定国，更には他社の生産国や生産予定国も検討すべきである。

ウ　独創的なデザインを生み出した場合，長期の保護のためには，特許法や意匠法の他に商標法による保護を検討することも有効である。

エ　IPランドスケープを知的財産戦略に利用できる場面は，アライアンス先候補の探索，M&A候補企業の探索の他に，自社技術の新規用途の探索も含まれる。

問6　　　　　　　　　　　　　　　　　　37回　学科　問34

ア～エを比較して，外国出願に関して，最も適切と考えられるものはどれか。

ア　パリ条約上の優先権を主張して特許出願をする場合，優先期間は，第一国の特許出願に係る発明の完成日から12カ月である。

イ　日本にされた意匠登録出願に基づいて，パリ条約上の優先権を主張し，他の同盟国に意匠登録出願をすることはできない。

ウ　特許協力条約（PCT）による国際出願において，パリ条約上の優先権を主張することができる。

エ　外国に特許出願をする場合には，先に日本で特許出願をした後に，パリ条約上の優先権を主張して特許出願をする必要がある。

問7　　　　　　　　　　　　　　　　　　43回　学科　問37

ア～エを比較して，独占禁止法に関して，最も**不適切**と考えられるものはどれか。

ア　公正取引委員会は独占禁止法に違反した事業者に対して，違反行為を取り除くための措置や課徴金を納付することを命ずる場合がある。

イ　独占禁止法上の違反行為によって損害を受けた者は，裁判所に提訴して損害賠償を請求することはできない。

ウ　企業間において，生産数量を制限する協定を結ぶことは，独占禁止法の違反に該当する場合がある。

エ　大企業が下請会社にその地位を利用して無理を押し付けるような，自由な競争の基盤を侵害するおそれがある行為は，独占禁止法の違反に該当する場合がある。

問8　　　　　　　　　　　　　　　　　　　**42回　学科　問20/改**

　ア～エを比較して，商標権や地理的表示に関して，最も適切と考えられるものはどれか。

ア　登録生産者団体の構成員たる生産業者は，登録に係る特定農林水産物等に地理的表示を付する場合には，当該特定農林水産物等に登録標章（地理的表示が登録に係る特定農林水産物等の名称の表示である旨の標章であって，農林水産省令で定めるもの）を使用することができる。

イ　商標権者は，その商標権の全部について専用使用権を設定した場合であっても，その設定した範囲について登録商標を使用することができる。

ウ　登録商標を，地理的表示法に基づく地理的表示として登録することはできない。

エ　商標権者は，同一の指定商品について，複数人に通常使用権を許諾することはできない。

問9　　　　　　　　　　　　　　　　　　　**37回　学科　問13**

　ア～エを比較して，著作権等の侵害に関して，最も適切と考えられるものはどれか。

ア　著作権を侵害した者は，その侵害の行為について故意があったものと推定される。

イ　著作権を侵害した者には，刑事罰が科されることはない。

ウ　著作者は，故意又は過失により，その著作者人格権を侵害した者に対し，損害の賠償とともに，著作者の名誉又は声望を回復するために適当な措置を請求することができる。

エ　著作権侵害はすべて非親告罪である。

問10　　　　　　　　　　　　　　　　　44回　学科　問6

　ア～エを比較して，共同研究開発の成果について，最も**不適切**と考えられるものはどれか。

ア　特許を受ける権利が共有に係るときは，各共有者は，他の共有者と共同でなければ，特許出願をすることができない。

イ　特許権が共有に係るときは，各共有者は，他の共有者の同意を得なければ，その持分を第三者に譲渡することができない。

ウ　共有に係る特許権について，特許無効審判を請求する者が複数あるときは，これらの者は共同して審判を請求することができる。

エ　特許権が共有に係るときは，各共有者は，他の共有者の同意を得ないで，その特許権について，他人に専用実施権を設定し，又は通常実施権を許諾することができる。

問11　　　　　　　　　　　　　　　　　42回　学科　問37

　ア～エを比較して，映画の著作物に関する次の文章の空欄　1　～　3　に入る語句の組合せとして，最も適切と考えられるものはどれか。

　映画の著作物の著作者が映画製作者に対し当該映画の著作物の製作への　1　を約束している場合，著作権は　2　に帰属する。当該映画の著作物が職務著作である場合，当該映画の著作物の著作権は　3　に帰属する。

ア　　1　=出資　　　　2　=著作者　　　　3　=法人等
イ　　1　=参加　　　　2　=著作者　　　　3　=映画製作者
ウ　　1　=出資　　　　2　=映画製作者　　3　=映画製作者
エ　　1　=参加　　　　2　=映画製作者　　3　=法人等

実力テスト

問12　　　　　　　　　　　　　　　　　

　ア～エを比較して，商標権の存続期間の更新登録に関して，最も**不適切**と考えられるものはどれか。

ア　商標権についての通常使用権が登録されている場合であっても，当該通常使用権者は，その商標権の存続期間の更新登録の申請をすることはできない。

イ　商標権の存続期間の更新登録の申請は，商標権の存続期間の満了前6カ月から満了の日までの間にしなければならない。

ウ　自己の責めに帰すべき事由によって商標権の存続期間の更新登録の申請ができる期間が経過した場合であっても，存続期間の満了後の6カ月以内であれば，倍額の登録料を納付して更新登録の申請をすることができる。

エ　商標権の存続期間の更新登録の申請の際に，商標権者又は使用権者が指定商品について登録商標を使用していない場合には，更新登録を受けることができない。

問13　　　　　　　　　　　　　　　　　

　ア～エを比較して，著作者人格権について，最も**不適切**と考えられるものはどれか。

ア　プログラムの著作物の改変により，著作者の同一性保持権を侵害することはない。

イ　著作権が譲渡されても，それに伴って著作者人格権は譲渡されない。

ウ　著作権が譲渡された場合に，公表権を行使できない場合がある。

エ　共同著作物の著作者人格権は，著作者全員の合意によらなければ，行使することができない。

問14　　　　　　　　　　　　　　　44回　学科　問40

ア～エを比較して，著作権の制限に関する次の文章の空欄 1 ～
 3 に入る語句の組合せとして，最も適切と考えられるものはどれか。

 1 著作物は， 2 ，かつ，聴衆又は観衆から料金を受けない場合
には， 3 上演し，演奏し，上映し，又は口述することができる。但し，当
該上演等を行う者に対し報酬が支払われる場合は，この限りでない。

ア　 1 ＝未公表の
　　 2 ＝公正な慣行に合致し
　　 3 ＝公に
イ　 1 ＝公表された
　　 2 ＝公正な慣行に合致し
　　 3 ＝少数の者にのみ
ウ　 1 ＝未公表の
　　 2 ＝営利を目的とせず
　　 3 ＝少数の者にのみ
エ　 1 ＝公表された
　　 2 ＝営利を目的とせず
　　 3 ＝公に

問15　　　　　　　　　　　　　　　41回　学科　問25

ア～エを比較して，種苗法に基づく品種登録に関して，最も**不適切**と考えられ
るものはどれか。

ア　品種登録出願は，願書を農林水産大臣に提出して行う。
イ　育成者権の存続期間は，品種登録の日から20年である。
ウ　品種登録出願は，出願後に遅滞なく出願公表される。
エ　品種登録出願の審査において，特許法のような出願審査請求制度は採用され
　　ていない。

　ア～エを比較して，商標登録出願の審査，審判に関して，最も**不適切**と考えられるものはどれか。

ア　商標権者から使用許諾を受けた通常使用権者が商標を不正に使用したことで商品の品質誤認を生じている場合には，何人も不正使用取消審判を請求することができる。

イ　商標登録出願については，商標登録出願後に，その内容が出願公開される。

ウ　商標登録出願については，出願日から12カ月以内に出願審査の請求をしないと，その出願は取り下げたものとみなされる。

エ　商標登録無効審判は，商標権の設定登録日から5年が経過しても，請求することができる場合がある。

　ア～エを比較して，特許権が侵害された場合の損害賠償請求に関する説明として，最も適切と考えられるものはどれか。但し，専用実施権は設定されていないものとする。

ア　侵害者がその侵害の行為により利益を受けているときは，その利益の額は，特許権者が受けた損害の額と推定される。

イ　侵害者がその侵害の行為を組成した物を譲渡したときは，侵害者の譲渡数量のうち権利者の実施の能力に応じた数量を超える部分については，損害額の算定に用いることはできない。

ウ　損害賠償を請求する場合，特許権者は侵害者の故意又は過失を立証する必要がある。

エ　実施料相当額を損害額として賠償を受けその訴訟が完結した後でも，その実施料相当額以上の損害額の立証ができれば，その増額分について新たに損害賠償請求が可能である。

問18　　　　　　　　　　　　　　　46回　学科　問14

　ア～エを比較して，弁理士法に関して，最も適切と考えられるものはどれか。

ア　特許料の納付手続は，弁理士以外の者が業務として行うことができない。

イ　特許権の侵害訴訟において，弁理士は単独で代理することができない。

ウ　弁理士法人は，補佐人としての業務を行うことはできない。

エ　弁理士は，特許無効審判の請求に関して相談を受け，助言を与えた後であっても，当該特許無効審判について相手方である特許権者の代理人となることができる。

問19　　　　　　　　　　　　　　　41回　学科　問9

　ア～エを比較して，特許料に関して，最も適切と考えられるものはどれか。

ア　第4年目以降の特許料は，納付期限を経過しても，期限経過後1年以内であれば，特許料を倍額支払うことにより追納できる。

イ　設定登録時に納付する特許料は，分割納付することができる。

ウ　特許権を維持するためには，第4年目以降の特許料を前年以前に納付しなければならない。

エ　第4年目以降の特許料は，複数年分をまとめて納付することはできない。

問20　　　　　　　　　　　　　　　42回　学科　問10

　ア～エを比較して，特許出願の際に提出する書類に関して，最も適切と考えられるものはどれか。

ア　発明の詳細な説明の記載には，その発明に関連する文献公知発明のうち，当業者が知っている文献公知発明が記載された刊行物の名称を記載しなければならない。

イ　明細書には，発明の効果を記載しなければならない。

ウ　願書には，要約書を添付しなくてもよい場合がある。

エ　特許請求の範囲には，二以上の発明を記載することができる場合がある。

　ア～エを比較して，特許出願に係る拒絶査定に対する不服審判の争点として，最も**不適切**と考えられるものはどれか。

ア　特許請求の範囲に記載された発明が，明細書の発明の詳細な説明に記載したものであるか。

イ　特許請求の範囲に記載された発明が，発明の単一性を満たすものであるか。

ウ　特許請求の範囲に記載された発明が，進歩性を有するものであるか。

エ　特許請求の範囲に記載された発明に係る発明者が，最初に当該発明を完成したか。

　ア～エを比較して，著作物に関して，最も適切と考えられるものはどれか。

ア　写真の著作物には，写真の製作方法に類似する方法を用いて表現される著作物が含まれる。

イ　ベルヌ条約加盟国の著作物は，管轄機関である世界知的所有権機関（WIPO）に登録しなければ，わが国で保護されない。

ウ　地図は，客観的なデータを単に視覚化したものなので，著作物として保護されることはない。

エ　映画の効果に類似する視覚的又は視聴覚的効果を生じさせる方法で表現されていれば，物に固定されていない著作物であっても，映画の著作物として保護される。

問23   40回　学科　問37

ア～エを比較して，著作権に関して，最も**不適切**と考えられるものはどれか。

ア 著作権を侵害して作成された物を，その事実を知りながら頒布目的で所持することは著作権侵害とみなされる。

イ プログラムの著作物の複製物の所有者は，バックアップのために当該プログラムのコピーをとることができる場合がある。

ウ 著作権者から正規に譲渡された著作物の複製物に対しても，その著作物の著作権者は譲渡権を行使することができる。

エ 聴衆又は観衆から料金を受けない場合は，放送される著作物を著作権者の許諾を得ずに有線放送することができる場合がある。

問24   44回　学科　問12

ア～エを比較して，意匠登録出願に関して，最も**不適切**と考えられるものはどれか。

ア 意匠登録を受けようとする者は，意匠登録出願を経済産業省令で定めるところにより，意匠ごとにしなければならない。

イ 意匠登録を受けようとする者は，同時に使用される二以上の物品であって経済産業省令で定めるものを構成する物品に係る意匠について，組物全体として統一があるときは，一意匠として，意匠登録を受けることができる。

ウ 意匠登録を受けようとする者は，店舗の内部の設備を構成する物品に係る意匠について，内装全体として統一的な美感を起こさせるときは，一意匠として，意匠登録を受けることができる。

エ 意匠登録を受けようとする者は，関連意匠について，当該関連意匠の意匠登録出願の日がその本意匠の意匠登録出願の日以後であって，当該本意匠の意匠登録出願の日から5年を経過する日前である場合に限り，意匠登録を受けることができる。

ア～エを比較して，商標登録出願に係る商標に関して，最も**不適切**と考えられるものはどれか。なお，商標法第3条第2項（使用による特別顕著性）の適用は考えないものとする。

ア　商標登録出願に係る商標が，その商品の産地を普通に用いられる方法で表示する標章のみからなる商標に該当する場合には，そのことを理由として商標登録を受けることができない。

イ　商標登録出願に係る商標が，他人の氏名を含む商標に該当する場合には，そのことを理由として商標登録を受けることができない。

ウ　商標登録出願に係る商標が，日本国内において，政府等以外の者が開設する博覧会の賞と同一の商標に該当する場合には，当該博覧会が特許庁長官により指定されている場合に限り，そのことを理由として商標登録を受けることができない。

エ　商標登録出願に係る商標が，需要者が何人かの業務に係る商品であることを認識することができない商標に該当する場合には，そのことを理由として商標登録を受けることができない。

ア～エを比較して，知的財産に係る税関の水際取締りに関して，最も**不適切**と考えられるものはどれか。

ア　輸出入禁止の貨物に該当するか否かを認定する手続がとられたとき，輸出しようとする者は，税関長に対して，特許庁長官の意見を聴くことを求めることができる。

イ　税関では職権で知的財産権を侵害する物品を差し止めることができ，権利者はあらかじめ税関長に対して，知的財産権を侵害すると認める貨物について，認定手続をとるべきことを申し立てることができる。

ウ　特許権者は，認定手続がとられている貨物について，その見本の検査をするための手続をとることができる。

エ　知的財産侵害疑義物品が日本から輸出されようとするとき，税関長は，輸出しようとする者に対して，必ず積戻しを命じなくてはならない。

問27

　ア～エを比較して，著作隣接権に関して，最も**不適切**と考えられるものはどれか。

ア　実演の保護期間は，その実演を行った時に始まり，その実演が行われた日の属する年の翌年から起算して70年を経過するまでである。

イ　レコードの保護期間は，その音を最初に固定した時に始まり，そのレコードの発行された日の属する年の翌年から起算して70年を経過するまでである。

ウ　放送の保護期間は，その放送を行った時に始まり，その放送が行われた日の属する年の翌年から起算して70年を経過するまでである。

エ　有線放送の保護期間は，その有線放送を行った時に始まり，その有線放送が行われた日の属する年の翌年から起算して50年を経過するまでである。

問28

　ア～エを比較して，職務発明に関して，最も**不適切**と考えられるものはどれか。

ア　使用者は，職務発明について法定通常実施権を有する場合がある。

イ　職務発明は，従業者，法人の役員，国家公務員又は地方公務員がした発明である。

ウ　職務発明は，その発明をするに至った行為が，使用者における従業者の現在又は将来の職務に属するものである。

エ　従業者は，職務発明について特許権を有する場合がある。

ア〜エを比較して，二次的著作物に関して，最も**不適切**と考えられるものはどれか。

ア 原著作物の著作者は，その二次的著作物の公衆への提供又は提示に際して，氏名表示権を有する。

イ 二次的著作物の著作権侵害に対しては，二次的著作物の著作権者だけではなく，原著作物の著作権者も権利行使をすることができる。

ウ 二次的著作物とは，著作物を翻訳し，編曲し，若しくは変形し，又は脚色し，映画化し，その他翻案することにより創作した著作物をいう。

エ 二次的著作物を利用する場合，原著作物の著作権者の許諾は必要ではない。

ア〜エを比較して，特許戦略等に関して，最も適切と考えられるものはどれか。

ア 自社製品が備える機能を実現するための技術に関して特許権を取得すれば，当該自社製品と類似する製品に関する市場全体に特許権の効力が及ぶ。

イ 物を生産する方法に係る特許権の効力は，その方法を使用する行為にのみ及ぶ。

ウ 他社の特許発明の効果と同一の効果を，当該特許発明と異なる構成要件で構成された自社の製品で実現した場合，当該他社から特許権に基づく権利行使を免れることができる。

エ 特許権者は，自己の特許発明が特許出願の日前の出願に係る他人の特許発明を利用するものであっても，自己の特許発明を自由に実施できる。

問31　　　　　　　　　　　　　　　　　　45回　学科　問18

ア～エを比較して，出版権に関して，最も適切と考えられるものはどれか。

ア　出版権を設定することができるのは，著作物の複製権又は公衆送信権を有する者である。

イ　出版権の設定は，文化庁に登録しなければ効力を生じない。

ウ　出版権は，出版権に係る著作物を最後に出版した後70年を経過するまでの間，存続する。

エ　著作物の複製権を有する者は，出版権を設定した範囲内であっても，自由に当該著作物の複製を行うことができる。

問32　　　　　　　　　　　　　　　　　　41回　学科　問16

ア～エを比較して，商標登録出願の手続等に関して，最も適切と考えられるものはどれか。但し，国際商標登録出願は考慮しないものとする。

ア　商標登録出願については，指定商品のうち一部に拒絶理由がある場合には，商標登録出願を分割することはできない。

イ　商標登録出願については，類似する複数の商標を１つの出願にまとめて出願することができる。

ウ　商標登録を受けようとする指定商品については，他の類似する商品に補正をする場合であっても，要旨変更であるとしてその補正は認められない。

エ　すでに商標登録されている名称については，商標権者が申請を行う場合に限り，地理的表示の登録をすることができる。

実力テスト

　ア～エを比較して，特許協力条約（PCT）に基づく国際出願についての国際調査に関する次の文章の空欄　　1　　～　　3　　に入る語句の組合せとして，最も適切と考えられるものはどれか。

　国際調査において，発明の特許性に関する調査が行われ，その結果，審査官の見解として　　1　　が示される。国際調査報告と　　1　　を受け取った出願人は，国際出願の　　2　　について，　　3　　補正をすることができる。

ア　　　1　　＝国際調査見解書
　　　　　　2　　＝請求の範囲，明細書及び図面
　　　　　　3　　＝何度でも

イ　　　1　　＝国際調査見解書
　　　　　　2　　＝請求の範囲
　　　　　　3　　＝1回に限り

ウ　　　1　　＝国際予備審査報告
　　　　　　2　　＝請求の範囲，明細書及び図面
　　　　　　3　　＝1回に限り

エ　　　1　　＝国際予備審査報告
　　　　　　2　　＝請求の範囲
　　　　　　3　　＝2回を上限として

問34　　　　　　　　　　　　　　　　　　44回　学科　問9

　ア～エを比較して，意匠登録を受けることができる可能性がある意匠として，最も適切と考えられるものはどれか。

ア　自己の関連意匠にのみ類似する意匠
イ　画像の用途にとって不可欠な表示のみからなる意匠
ウ　他人の業務に係る物品と混同を生ずるおそれがある意匠
エ　先願に係る他人の登録意匠に類似する意匠

問35　　　　　　　　　　　　　　　　　　42回　学科　問26

　ア～エを比較して，著作権の譲渡に関する次の文章の空欄　1　～　4　に入る語句の組合せとして，最も適切と考えられるものはどれか。

　著作権者は，著作権の全部又は一部を譲渡することができるが，　1　において　2　が譲渡の目的として　3　されていないときは，これらの権利は，　4　推定される。

ア　　　1　＝譲渡契約
　　　　　2　＝二次的著作物の創作権と二次的著作物の利用権
　　　　　3　＝特掲
　　　　　4　＝譲渡した者に留保されたものと
イ　　　1　＝譲渡契約
　　　　　2　＝複製権
　　　　　3　＝特掲
　　　　　4　＝消滅したものと
ウ　　　1　＝譲渡の登録
　　　　　2　＝二次的著作物の創作権と二次的著作物の利用権
　　　　　3　＝明記
　　　　　4　＝消滅したものと
エ　　　1　＝譲渡の登録
　　　　　2　＝複製権
　　　　　3　＝明記
　　　　　4　＝譲渡した者に留保されたものと

実力テスト

ア～エを比較して，商標法に規定する審判又は登録異議の申立てに関して，最も**不適切**と考えられるものはどれか。

ア 何人も，二以上の指定商品に係る商標登録に対して，指定商品毎に商標法第50条第1項(不使用取消審判)に規定する審判を請求することができる。

イ 何人も，商標法第51条第1項(商標権者による不正使用取消審判)に規定する審判を請求することができる。

ウ 何人も，商標法第53条第1項(使用権者による不正使用取消審判)に規定する審判を請求することができる。

エ 何人も，商標掲載公報の発行の日から3カ月以内に限り，登録異議の申立てをすることができる。

ア～エを比較して，特許出願に係る手続に関して，最も適切と考えられるものはどれか。

ア 特許を受ける権利が共有に係る場合，他の共有者と共同で特許出願をする必要がある。

イ 特許庁長官は，特許出願の実体審査を行う。

ウ 特許出願の願書に特許出願人の氏名又は名称の記載がない場合であっても，手続補完書を提出して補完すれば，願書の提出日が特許出願の出願日として認められる。

エ 特許出願の願書に添付した明細書又は図面の一部が欠けているときであっても，特許出願人がその欠落部分を補完することができる場合はない。

問38　　　　　　　　　　　　　　　　43回　学科　問15

　ア～エを比較して，商標法に規定する登録異議の申立て又は審判に関して，最も**不適切**と考えられるものはどれか。

ア　商標掲載公報の発行日から２カ月経過後であっても利害関係人であれば登録異議の申立てをすることができる。

イ　不使用取消審判の請求前３カ月からその審判の請求の登録の日までの間に，日本国内において商標権者がその請求に係る指定商品についての登録商標の使用をした場合であって，その登録商標の使用がその審判の請求がされることを知った後である場合には，商標登録は取り消されることがある。

ウ　不使用取消審判において，請求に係る指定商品と類似する役務についてのみ商標権者が登録商標を使用していても，商標登録は取り消されることがある。

エ　商標登録が商標法第３条第１項第１号（普通名称）の規定に違反してされたとき，商標権の設定登録の日から３年を経過した場合であっても，商標登録の無効審判を請求することができる場合がある。

問39　　　　　　　　　　　　　　　　45回　学科　問31

　ア～エを比較して，発明の新規性に関して，最も**不適切**と考えられるものはどれか。

ア　特許出願前に公然実施された発明について特許出願をする場合，新規性喪失の例外規定の適用を受けることができることがある。

イ　特許を受ける権利を有する者の意に反して公知となった発明について新規性喪失の例外規定の適用を受けるためには，公知となった日から１年以内に特許出願する必要がある。

ウ　技術内容を公表した後，同日に，その技術内容の発明について特許出願をした場合，当該発明は，新規性を喪失した発明に該当する。

エ　特許出願前に政府等が主催するものではない博覧会で発明の内容を発表した後，その内容について特許出願をする場合，発表前に当該博覧会について所定の申請を特許庁長官に届け出て指定を受けなければ，新規性喪失の例外規定の適用を受けることができない。

ア～エを比較して，契約に関して，最も**不適切**と考えられるものはどれか。

ア 意思表示に錯誤があった場合，その錯誤が法律行為の目的及び取引上の社会通念に照らして重要なものであるときは，取り消すことができる。

イ 契約は申込と承諾の意思表示が合致した時に成立するので，口頭による契約であっても無効とはならない。

ウ 相手方の債務不履行によって契約を解除した場合には，契約は過去に遡って効力を失う場合がある。

エ 契約不適合責任は，民法上定められた規定であるので，当事者間の契約によって，排除することはできない。

実力テスト
学科解説

問1　正解: イ　　　　　　　　　　　　　　意匠法の保護対象と登録要件

　店舗，事務所その他の施設の内部の設備及び装飾（内装）を構成する物品，建築物又は画像に係る意匠は，内装全体として統一的な美感を起こさせるときは，一意匠として出願をし，意匠登録を受けることができます（意8条の2）。

問2　正解: イ　　　　　　　　　　　　　　　　　意匠権の侵害と救済

ア：適切
　意匠の実施に該当する行為は意匠法に規定されています（意2条2項）。そして，意匠に係る物品を製造する行為は，意匠の実施行為に含まれます（意2条2項1号）。

イ：不適切
　意匠権が意匠登録出願日前の出願に係る他人の特許権と抵触する場合，又は特許権がその特許出願日前の出願に係る他人の意匠権と抵触する場合は，業としてその特許発明又は登録意匠の実施をすることを制限されます（意26条1項，特72条）。

ウ：適切
　登録意匠とそれ以外の意匠が類似であるか否かの判断は，需要者の視覚を通じて起こさせる美感に基づいて行われます（意24条2項）。

エ：適切
　意匠権の効力は，試験又は研究のためにする登録意匠の実施には及びません（意36条で準用する特69条1項）。

問3　正解: ウ　　　　　　　　　　　　　　　　特許出願後の手続き

　特許出願人は，出願公開から特許権の設定登録がされるまでの期間に，他人がその特許出願に係る発明を業として実施した場合，実施料相当額（実施に対して受けるべき金銭の額）の補償金の支払いを請求することができます（特65条1項）。なお，補償金請求は，その特許出願に係る公開公報を提示し警告を行わなければなりません。また，実際に補償金の支払いの請求ができるのは，特許権の設定登録後になります（特65条2項）。

問4　正解: ア　　　　　　　　　　　　　　　不正競争防止法

ア　適切

　需要者の間に広く知られている自己の商品の包装と類似する包装を使用した他人の商品が販売された結果，自己の商品や営業との間に混同が生じていた場合，当該他人の行為は不正競争行為に該当します（不競2条1項1号）。この不正競争行為によって営業上の利益を侵害される者は，その商品の販売の差止めを請求することができます（不競3条1項）。

イ　不適切

　他人の著名な商品等表示と同一又は類似の商品等表示が使用されていた場合，当該行為は，他人の商品等表示と市場において混同が生じていることを立証しなくても，不正競争行為に該当します（不競2条1項2号）。この不正競争行為によって他人の営業上の利益を侵害した場合には，損害賠償請求の対象となります（不競4条）。

ウ　不適切

　商標登録が認められなかった商標の第三者による使用が，他人の周知な商品等表示と同一もしくは類似の商品等表示の使用であり，他人の商品又は営業との混同を生じさせた場合には，不正競争行為に該当します（不競2条1項1号）。この不正競争行為によって他人の営業上の利益を侵害した場合には，損害賠償請求の対象となります（不競4条）。

エ　不適切

　商品等表示の類似性の判断は，商品を同時に並べて注意深く比較したときに（対比的観察），差異点が発見される場合であっても，全体的な印象に顕著な差異がなく，時と場所を変えて観察するときには（隔離的観察），その商品等表示により一般需要者が誤認混同するおそれが認められる場合には，類似性が認められるとされています（経済産業省HP：逐条解説　不正競争防止法）。

ア　不適切

技術の内容から考えて，競合他社が独自に開発することが著しく困難と判断される場合や，他社による侵害行為を証明することが困難な発明については，特許出願せずにノウハウ（営業秘密）として秘匿することも考えられます。一方，発明を含む製品から，その発明が容易に理解できてしまう様な場合には，特許出願すべきと考えられます。したがって，本問のように技術が高度か否かで，営業秘密として管理すべきかどうかの判断をすることは適切ではありません。

イ　適切

海外の出願先を決定するにあたっては，現在又は将来において，自社や他社が事業を行う国について検討することが重要です。具体的には，現在の市場国，将来の市場国，自社の生産国，自社の生産予定国に加え，他社の生産国や生産予定国を海外の出願先の候補に入れるべきです。

ウ　適切

独創的なデザインについて，技術的側面から保護する場合には，特許法での保護を検討し，美観的側面から保護する場合には，意匠法での保護を検討します。また，独創的なデザインを商標として使用する場合，商標登録を受けて10年毎に更新を行うことで，長期的に保護することができるので，商標法による保護を検討することは，有効です。

エ　適切

IPランドスケープを知的財産戦略に利用できる場面としては，アライアンス先候補の探索，M&A候補企業の探索，自社技術の新規用途の探索，資金調達のために自社技術を見える化すること等も含まれます。

問6　正解: ウ

ア　不適切

パリ条約上の優先権を主張して特許出願する場合の優先期間は，第一国の特許出願の日から12カ月となります（パリ4条C（1））。

イ　不適切

日本で意匠登録出願を行った場合，その後6カ月以内であれば，パリ条約上の優先権を主張して他の同盟国に意匠登録出願をすることができます（パリ4条A（1），4条C（1））。

ウ　適切

特許協力条約（PCT）はパリ条約の特別取極であるため，パリ条約の規定については，PCTによる国際出願にも適用されます。したがって，PCTによる国際出願において，パリ条約上の優先権を主張できます（PCT8条（1））。

エ　不適切

外国に特許出願する場合には，①その国に直接特許出願を行う，②まずパリ条約の同盟国で特許出願を行い，その後12カ月以内にパリ条約上の優先権を主張して特許出願する，③特許協力条約（PCT）の国際出願制度を利用して特許出願するうちのいずれかを選択することが可能です。したがって，必ずしも日本で特許出願した後に，パリ条約上の優先権を主張して特許出願する必要はありません。

実力テスト

問7　正解: イ 独占禁止法

ア　適切

公正取引委員会は，違反者に対し，違反行為を除く措置をとることや，課徴金を納付することを命令できます(独7条1項，7条の2第1項)。

イ　不適切

独占禁止法上の違反行為によって損害を受けた者は，裁判所に提訴して損害賠償を請求することができます(独25条)。

ウ　適切

企業間において，市場分割や数量を制限する協定を結ぶカルテルは，相互にその事業活動を制限することで公共の利益に反して一定の分野における競争を実質的に制限する行為にあたるので，不当な取引制限として独占禁止法の違反に該当することがあります(独2条6項)。

エ　適切

大企業が下請会社にその地位を利用して無理を押し付けるような，自由な競争の基盤を侵害するおそれがある行為は，自己の取引上の地位が相手方に優越していることを利用して取引の相手方に不利益となるように取引を実施する行為であり，不公正な取引方法に該当します(独2条9項5号)。

問8　正解: ア　　　　　　　　　　　　　　　　商標権の管理と活用

ア　適切

　登録生産者団体の構成員たる生産業者は，登録に係る特定農林水産物等に地理的表示を付する場合には，当該特定農林水産物等に登録標章を付さなければなりません（地理的表示4条1項）。

イ　不適切

　商標権者は，指定商品又は指定役務について登録商標を使用する権利を専有しますが，その商標権について専用使用権を設定したときは，専用使用権者がその登録商標の使用をする権利を専有する範囲については，その登録商標を使用することができません（商25条）。

ウ　不適切

　登録商標であっても，その登録商標に係る商標権者たる生産者団体が，登録商標と同一の名称について登録の申請を行う場合には，地理的表示としての保護が受けられます（地理的表示13条1項4号ロ，13条2項）。

エ　不適切

　通常使用権者は，設定行為で定めた範囲内において，指定商品又は指定役務について登録商標を使用する権利を有します（商31条2項）。つまり，通常使用権は独占排他的な権利ではないので，商標権者は同時に同一内容の通常使用権を複数人に対して許諾することができます（商31条1項）。

問9　正解: ウ　　　　　　　　　　　　　　　　　　　著作権の侵害と救済

ア　不適切

著作権を侵害した者に対し，その侵害の行為について故意があったものと推定されることはありません。なお，特許権，意匠権又は商標権の侵害者については，その侵害について過失があったものと推定されます（特103条，意40条，商39条で準用する特103条）。

イ　不適切

著作権を侵害した者には，懲役刑や罰金刑等の刑事罰が科されます（著119条1項）。

ウ　適切

著作者は，故意又は過失により，その著作者人格権を侵害した者に対し，損害の賠償とともに，著作者の名誉又は声望を回復するために適当な措置を請求することができます（著115条）。

エ　不適切

著作権等の侵害行為は，一定の侵害行為（著123条2項）を除き，親告罪です（著123条1項）。

問10　正解: エ　　　　　　　　　　　　　　　　　　　　　特許法　全般

ア　適切

特許を受ける権利が共有に係るときは，各共有者は，他の共有者と共同で特許出願をする必要があります（特38条）。

イ　適切

特許権が共有に係るとき，各共有者は，他の共有者の同意を得なければ，自己の持分を第三者に譲渡することができません（特73条1項）。

ウ　適切

共有に係る特許権について特許無効審判を請求する者が複数いるとき，これらの者は共同で，特許無効審判を請求することができます（特132条1項）。

エ　不適切

原則として，特許権が共有に係るときは，各共有者は，他の共有者の同意を得なければ，その特許権について，他人に専用実施権を設定し，又は通常実施権を許諾することができません（特73条3項）。

問11　正解: エ　　　　　　　　　　　　　　　　　　　著作者

　映画の著作物の著作者は，原則として，制作，監督，演出，撮影，美術等を担当してその映画の著作物の全体的形成に創作的に寄与した者ですが（著16条），その著作者が映画製作者に対しその映画の著作物の製作に参加することを約束しているときは，その映画の著作物の著作権は映画製作者に帰属します（著29条1項）。また，映画の著作物が職務著作である場合，その映画の著作物の著作権は法人等に帰属します（著15条1項）。

問12　正解: エ　　　　　　　　　　　　　　　　商標権の管理と活用

ア　適切

　商標権の存続期間は，更新登録の申請により更新することができ，商標権者のみが申請することができます（商19条2項）。よって，利害関係を有する通常使用権者であっても，更新登録の申請をすることはできません。

イ　適切

　更新登録の申請は，商標権の存続期間の満了前6カ月から満了の日までの間に行う必要があります（商20条2項）。

ウ　適切

　自己の責めに帰すべき事由によって商標権の存続期間の更新登録の申請期間が経過した場合であっても，存続期間の満了後6カ月以内であれば，更新登録の申請をすることができます（商20条3項，商施規10条2項）。この場合には，納付すべき登録料のほか，その登録料と同額の割増登録料を納付する必要があります（商43条1項）。

エ　不適切

　商標権者による存続期間の更新登録の申請において，使用状況の確認や実体審査は行われません。よって，申請の際に登録商標を使用していない場合であっても，更新登録の申請と料金納付により，商標権の存続期間の更新登録を受けることができます（商20条1項）。

問13　正解: ア　　　　　　　　　　　　　　　　　　　　著作者人格権

ア　不適切
　同一性保持権は，著作物及びその題号について，著作者の意に反して改変を受けない権利です（著20条1項）。したがって，プログラムの著作物を改変した場合，その改変が著作者の意に反するものであれば，そのプログラムの著作者の同一性保持権の侵害になります。

イ　適切
　著作者人格権は，著作者の一身に専属し，譲渡することができません（著59条）。したがって，著作権が譲渡されても，それに伴って著作者人格権が譲渡されることはありません。

ウ　適切
　まだ公表されていない著作物の著作権を譲渡した場合，その著作権を譲り受けた者が当該著作物を公衆に提供し，又は提示する行為について著作者が同意したものと推定され，公表権を行使できない場合があります（著18条2項1号）。

エ　適切
　共同著作物の著作者人格権は，著作者全員の合意がなければ，行使することができません（著64条1項）。

問14　正解: エ　　　　　　　　　　　　　　　　　　　　　著作権の制限

　著作権法第38条第1項では，「公表された著作物は，営利を目的とせず，かつ，聴衆又は観衆から料金（いずれの名義をもってするかを問わず，著作物の提供又は提示につき受ける対価をいう。）を受けない場合には，公に上演し，演奏し，上映し，又は口述することができる。ただし，当該上演，演奏，上映又は口述について実演家又は口述を行う者に対し報酬が支払われる場合は，この限りでない。」と規定されています。

問15　正解: イ　　　　　　　　　　　　　　　　　　　　　　種苗法

ア　適切

品種登録出願は，願書を農林水産大臣に提出して行います(種5条1項柱書)。

イ　不適切

育成者権の存続期間は，品種登録の日から25年(永年性植物については30年)となります(種19条2項)。

ウ　適切

農林水産大臣は，品種登録出願を受理したときは，遅滞なくその品種登録出願について出願公表を行うことになっています(種13条1項)。

エ　適切

品種登録出願の審査において，特許法のような出願審査請求制度（特48条の3）は採用されていません。

問16　正解: ウ　　　　　　　　　　　　　　　　　　　　　　商標法　全般

ア　適切

商標権者から使用許諾を受けた専用使用権者・通常使用権者が，不当に登録商標を使用して需要者に商品の品質誤認や出所の混同を生じさせた場合には，何人もその商標登録の取り消しについて，不正使用取消審判を請求することができます(商53条1項)。

イ　適切

商標登録出願があったときは，商標公報に掲載されることにより，その内容が出願公開されます（商12条の2）。なお，原則として，特許庁に商標登録出願されたもののすべてが出願公開の対象となります。

ウ　不適切

商標法では，特許法のような出願審査の請求制度は規定されていないので，出願審査請求をしなくても取り下げたものとみなされることはなく，原則として，すべての商標登録出願について審査されます。（商14条，特48条の3）。

エ　適切

商標法第3条違反などの一定の無効理由については，商標権の設定登録日から5年が経過した後には商標登録無効審判を請求することができなくなります（商47条1項）。一方，それ以外の無効理由で公益性が高いものについては，商標権の設定登録日から5年が経過した後にも商標登録無効審判を請求することができます。

問17　正解: ア　　　　　　　　　　　　　　　特許権の侵害と救済

ア　適切

特許権が侵害された場合，侵害者がその侵害の行為により利益を受けているときは，その利益の額は，特許権者が受けた損害の額と推定されます（特102条2項）。

イ　不適切

侵害者がその侵害の行為を組成した物を譲渡したとき，その損害額は，以下の①及び②の合計金額となります（特102条1項）。

①特許権者がその侵害の行為がなければ販売することができた物の単位数量あたりの利益の額に，侵害者が譲渡した物の数量（譲渡数量）のうち，特許権者の実施能力に応じた数量（実施相応数量）を超えない部分（特許権者が販売することができないとする事情がある場合には，当該事情に相当する特定数量を控除した数量）を乗じて得た額（特102条1項1号）。

②譲渡数量のうち実施相応数量を超える数量又は特定数量におけるこれらの数量に応じたライセンス料相当料に相当する額（特102条1項2号）。

したがって，権利者の実施の能力に応じた数量を超える部分については，損害額のうち，②の額の算定に用いられます。

ウ　不適切

特許権の侵害行為に対して損害賠償を請求する場合，侵害者は，その侵害行為について過失があったものと推定されるので（特103条），特許権者は侵害者の故意又は過失を立証する必要はありません。

エ　不適切

特許権者は，実施料相当額以上の損害額を請求することは可能です（特102条5項）。しかし，実施料相当額を損害額として賠償を受けて，その訴訟が完結した場合には，たとえその実施料相当額以上の損害額の立証ができたとしても，その訴訟の審理が終了している以上，増額分について新たに損害賠償請求はできません。

問18　正解: イ　　　　　　　　　　　　　　　　　　　　弁理士法

ア　不適切

特許料の納付手続は，弁理士又は弁理士法人でない者ができない業務から除外されています(弁理士法75条，弁理士法施行令7条1号)。

イ　適切

弁理士は，特定侵害訴訟代理業務についての付記登録があった場合，特許侵害訴訟に関して，弁護士が同一の依頼者から受任している事件に限り，訴訟代理人となることができます(弁理士法6条の2第1項)。つまり，付記登録を受けた弁理士であっても，単独で特許侵害訴訟の訴訟代理人となることはできません。

ウ　不適切

弁理士法人は，当該弁理士法人の社員又は使用人である弁理士を選任して，補佐人としての業務を行わせることができます(弁理士法41条)。

エ　不適切

弁理士は，原則として受任している事件の相手方からの依頼による他の事件について，その業務を行うことができません (弁理士法31条3号)。したがって，弁理士は，特許無効審判の請求に関して助言を与えた後に，当該特許無効審判について相手方である特許権者の代理人となることはできません。

問19　正解: ウ　　　　　　　　　　　　　　　　　　特許権の管理と活用

ア　不適切

第4年目以降の特許料は納付期間を経過しても，その期間の経過後6カ月以内であれば，特許料を倍額支払うことを条件として追納することができます (特112条1項，2項)。

イ　不適切

設定登録時に納付する特許料については，一時に納付する必要があり(特108条1項)，分割納付することができません。

ウ　適切

第4年目以降も特許権を維持するためには，原則として，第4年目以降の各年分の特許料を前年以前に納付しなければなりません(特108条2項)。

エ　不適切

第4年目以降の特許料は，各年で納付することも，もしくは複数年分まとめて納付することもできます。

ア　不適切

　発明の詳細な説明の記載には，その発明に関連する文献公知発明のうち，特許を受けようとする者が特許出願時に知っている文献公知発明が記載された刊行物の名称その他のその文献公知発明に関する情報の所在を記載しなければなりません(特36条4項2号)。

イ　不適切

　明細書の発明の詳細な説明には，発明が解決しようとする課題及びその解決手段，その他当業者が発明の技術上の意義を理解するために必要な事項を記載しなければなりません（特施規24条の2）。一方，発明の効果については，必ずしも記載する必要はありません。

ウ　不適切

　特許出願において，願書には，必ず要約書を添付しなければなりません(特36条2項)。

エ　適切

　二以上の発明については，発明の単一性の要件を満たす一群の発明に該当するときは，一の願書で特許出願することができます（特37条）。つまり，発明の単一性の要件を満たす発明であれば，特許請求の範囲に二以上の発明を記載することができます。なお，発明の単一性とは，複数の発明が同一又は対応する特別な技術的特徴を有することで単一の一般的発明概念を形成するように連関している技術的関係を有していることをいいます(特施規25条の8第1項)。

問21　正解: エ　　　　　　　　　　　　　　　　特許査定と拒絶査定

　特許出願に係る拒絶査定不服審判では，拒絶査定の妥当性が審理され，その審理では，拒絶査定の根拠となった拒絶理由が争点となる場合があります。

ア　適切

　特許請求の範囲に記載された発明が，明細書の発明の詳細な説明に記載されていない場合は拒絶理由となります（特49条4号）。したがって，特許請求の範囲に記載された発明が，明細書の発明の詳細な説明に記載したものであるかは，拒絶査定不服審判の争点となり得ます。

イ　適切

　特許請求の範囲に記載された発明が，発明の単一性を満たさない場合は拒絶理由となります（特49条4号）。したがって，特許請求の範囲に記載された発明が，発明の単一性を満たすものであるかは，拒絶査定不服審判の争点となり得ます。

ウ　適切

　特許請求の範囲に記載された発明が，進歩性を有していない場合は拒絶理由となります（特49条2号）。したがって，特許請求の範囲に記載された発明が，進歩性を有するものであるかは，拒絶査定不服審判の争点となり得ます。

エ　不適切

　特許請求の範囲に記載された発明に係る発明者が，最初に当該発明を完成した者ではないことは，拒絶理由に該当しません。したがって，特許請求の範囲に記載された発明に係る発明者が，最初に当該発明を完成したかは，拒絶査定不服審判の争点となりません。

問22　正解: ア　　　　　　　　　　　　　　　著作権法の目的と著作物

ア　適切

　写真の製作方法に類似する方法を用いて表現される著作物は．写真の著作物に含まれます（著2条4項）。

イ　不適切

　条約により日本が保護の義務を負う著作物は，日本の著作権法の保護を受けます（著6条3号）。日本はベルヌ条約に加盟しており，同条約の加盟国の著作物について，日本は保護の義務を負っています（ベルヌ条約3条）。また，日本の著作権法では，著作物の保護に関して，いかなる方式の履行も求められません（著17条2項）。したがって，日本において，ベルヌ条約加盟国の著作物は，世界知的所有権機関（WIPO）に登録されなくても保護を受けることになります。

ウ　不適切

　地図は，著作権法において，著作物の一つとして例示されており，著作物として保護を受けます（著10条1項6号）。

エ　不適切

　著作権法において，映画の著作物は，映画の効果に類似する視覚的又は視聴覚的効果を生じさせる方法で表現され，かつ，物に固定されている著作物と定義されています（著2条3項）。したがって，物に固定されていない著作物は，映画の著作物として保護されません。

問23　正解: ウ

著作権法　全般

ア　適切

　著作権を侵害して作成された物を，その事実を知りながら頒布目的で所持することは著作権侵害とみなされます(著113条1項2号)。

イ　適切

　著作権者に無断でプログラムのバックアップを行うことは，原則として，複製権の侵害となりますが(著2条1項15号，21条)，一定の場合，著作権が制限されます。ここで，プログラムの著作物の複製物の所有者は，原則として，自ら当該著作物を電子計算機において利用するために必要と認められる限度において，当該著作物の複製等をすることができます(著47条の3)。

ウ　不適切

　著作物の原作品，又は複製物を著作権者に無断で譲渡すれば，原則として，譲渡権の侵害になりますが (著26条の2第1項)，著作権者が著作物の原作品，又は複製物を一旦適法に市場にて譲渡等した場合には，その著作物の著作権は消尽したものとして，その後の譲渡について譲渡権は及びません (著26条の2第2項1号)。したがって，著作権者から正規に譲渡された著作物の複製物に対して，その著作物の著作権者が譲渡権を行使することはできません。

エ　適切

　非営利で，聴衆又は観衆から料金を受けない場合は，放送される著作物を著作権者の許諾を得ずに有線放送することができます(著38条2項)。

問24　正解: エ　　　　　　　　　**意匠登録を受けるための手続き**

ア　適切

意匠登録出願は，経済産業省令で定めるところにより，意匠ごとにしなければなりません（意7条）。

イ　適切

同時に使用される二以上の物品であって経済産業省令で定めるもの（組物）を構成する物品に係る意匠について，組物全体として統一があるときは，一意匠として，意匠登録を受けることができます（意8条）。

ウ　適切

店舗の内部の設備（内装）を構成する物品に係る意匠について，内装全体として統一的な美感を起こさせるときは，一意匠として，意匠登録を受けることができます（意8条の2）。

エ　不適切

意匠登録を受けようとする者は，関連意匠について，当該関連意匠の意匠登録出願の日がその本意匠の意匠登録出願の日以後であって，当該本意匠の意匠登録出願の日から10年を経過する日前である場合に限り，意匠登録を受けることができます（意10条1項）。

問25　正解: ウ　　　　　　　　　　商標法の保護対象と登録要件

ア　適切

　商品の産地, 販売地, 品質, 原材料, 効能, 用途, 数量, 形状(包装の形状を含む)を普通に用いられる方法で表示する標章のみからなる商標については, 商標登録を受けることができません(商3条1項3号, 商標審査基準　第1-五)。

イ　適切

　原則として, 他人の肖像又は他人の氏名・名称等, もしくはこれらの著名な略称を含む商標は, 商標登録を受けることができません(商4条1項8号)。

ウ　不適切

　商標登録出願に係る商標が, 日本国内において, 政府等以外の者が開設する博覧会であって特許庁長官の定める基準に適合する博覧会の賞と同一・類似の場合は, 当該博覧会が特許庁長官により指定されている場合に限らず, 商標登録を受けることができません(商4条1項9号)。

エ　適切

　需要者が何人かの業務に係る商品であることを認識することができない商標は, 自他商品等識別力がないため, 原則として, 商標登録を受けることができません(商3条1項6号, 商標審査基準　第1-八)。

ア　適切

　輸出しようとする貨物が特許権等を侵害するか否かについての認定手続がとられたとき，その貨物を輸出しようとする者は，税関長に対して，当該特許権者等の権利範囲について特許庁長官の意見を聴くことを求めることができます（関69条の7第1項）。

イ　適切

　税関では，職権で知的財産権を侵害する物品を差し止める（具体的には，没収して廃棄する）ことができます（関69条の2第2項，69条の11第2項）。また，知的財産権を保有する者は，あらかじめ税関長に対して，知的財産権を侵害すると疑われる貨物について，知的財産権を侵害するか否かに関する認定手続をとるべきことを申し立てることができます（関69条の3第1項，69条の12第1項）。

ウ　適切

　認定手続の申し立てが受理された特許権者は，認定手続がとられている貨物について，税関長に対して，その見本の検査をするための申請手続をすることができます（関69条の16第1項）。

エ　不適切

　知的財産侵害疑義物品は，日本からの輸出が禁止されています（関69条の2第1項3号，4号）。また，税関長は，知的財産侵害疑義物品であって輸出されようとするものを没収して廃棄することができますが（関69条の2第2項），その積戻しを命じることはしません。

問27　正解: ウ　　　　　　　　　　　　　　　**著作隣接権**

ア　適切

　実演の保護期間は，その実演を行った時に始まり（著101条1項1号），その実演が行われた日の属する年の翌年から起算して70年を経過するまでです（著101条2項1号）。

イ　適切

　レコードの保護期間は，その音を最初に固定した時に始まり（著101条1項2号），そのレコードの発行された日の属する年の翌年から起算して70年を経過するまでです（著101条2項2号）。

ウ　不適切

　放送の保護期間は，その放送を行った時に始まり（著101条1項3号），その放送が行われた日の属する年の翌年から起算して70年ではなく，50年を経過するまでです（著101条2項3号）。

エ　適切

　有線放送の保護期間は，その有線放送を行った時に始まり（著101条1項4号），その有線放送が行われた日の属する年の翌年から起算して50年を経過するまでです（著101条2項4号）。

問28　正解: ウ

ア　適切

従業員が完成させた職務発明について，従業者又は従業者が属している会社以外の者が特許権を取得した場合，その使用者は無償の法定通常実施権を有します（特35条1項）。

イ　適切

職務発明は，従業者，法人の役員，国家公務員又は地方公務員などの従業者等がした発明です（特35条1項）。

ウ　不適切

職務発明は，その発明をするに至った行為が，従業者の当該使用者における現在又は「過去」の職務に属するものだけです。したがって，「将来」の職務に属するものは，職務発明には該当しません。

エ　適切

職務発明を完成させた従業者は，契約や勤務規則等により使用者等に特許を受ける権利を取得させることを定めている場合を除き，特許を受ける権利を有します（特29条1項柱書）。その場合，従業者は，職務発明について特許出願を行って特許権を取得することができます。

問29　正解: エ　　　　　　　　　　　　　　　　　　　　　**著作（財産）権**

ア　適切

　原著作物の著作者は，その二次的著作物について氏名表示権を有します（著19条1項後段）。

イ　適切

　二次的著作物の原著作物の著作者は，当該二次的著作物の利用に関し，当該二次的著作物の著作者が有するものと同一の種類の権利を専有します（著28条）。したがって，二次的著作物の著作権侵害に対しては，二次的著作物の著作権者だけでなく，原著作物の著作権者も権利行使をすることができます。

ウ　適切

　二次的著作物とは，著作物を翻訳し，編曲し，もしくは変形し，又は脚色し，映画化し，その他翻案することにより創作された著作物をいいます（著2条1項11号）。

エ　不適切

　二次的著作物の原著作物の著作者は，当該二次的著作物の利用に関し，当該二次的著作物の著作者が有するものと同一の種類の権利を専有します（著28条）。したがって，二次的著作物を利用する場合，原著作物の著作権者の許諾が必要となる場合があります。

問30　正解: ウ　　　　　　　　　　　　　　特許権の侵害と救済

ア　不適切

　特許権の効力範囲（技術的範囲）は，特許請求の範囲の記載に基づいて定められます（特70条1項）。したがって，自社製品の技術について特許権を取得したとしても，自社製品と類似する製品が，その特許出願の願書に添付した特許請求の範囲に記載された構成を備えるものでなければ，特許権の効力は及びません。

イ　不適切

　物を生産する方法に係る特許権の効力は，その方法を使用する行為以外にも，その方法により生産した物を使用，譲渡等，輸出もしくは輸入又は譲渡等の申出をする行為にまで及びます（特2条3項3号）。

ウ　適切

　特許権の効力範囲（技術的範囲）は，特許請求の範囲の記載に基づいて定められます（特70条1項）。したがって，他社の特許発明の効果と同一の効果が得られる製品を開発したとき，その製品の構成が他社の特許権に係る特許請求の範囲に記載された内容と異なる場合には，原則として当該他社の特許権を侵害する行為に該当しないため，当該他社から権利行使を受けることはありません。

エ　不適切

　特許権者は，その特許発明が特許出願の日前の出願に係る他人の特許発明を利用するものである場合は，その他人に無断で自己の特許発明を業として実施することができません（特72条）。

問31　正解: ア　　　　　　　　　　　　　　　　　　著作（財産）権

ア　適切

　出版権を設定することができるのは, 複製権又は公衆送信権を有する者です（著79条1項）。

イ　不適切

　出版権は, 当事者間の契約によって設定され, 文化庁に登録をしなくても効力が生じます（著79条1項）。なお, 出版権の設定を登録しておくことで, 第三者に対抗することができます（著88条1項1号）。

ウ　不適切

　出版権の存続期間は, 当事者間で任意に定めることができます（著83条1項）。なお, その出版権の存続期間について期間の設定がなされていないときは, その出版権設定後, 最初の出版行為等があった日から3年を経過した日にその出版権は消滅します（著83条2項）。

エ　不適切

　出版権を設定すると, その範囲では原則として, 著作物の複製権を有する者であっても複製等を行うことができません。

実力テスト

問32　正解: ウ　　　　　　　　　　　　商標登録を受けるための手続き

ア　不適切

　商標登録出願の指定商品・指定役務が複数ある場合には，指定商品・指定役務の一部を一又は二以上の新たな商標登録出願とすることができます（商10条1項）。指定商品のうち一部に拒絶理由があっても，商標登録出願を分割することができるので，拒絶理由を解消するために有効な手段です。

イ　不適切

　商標登録出願は，一商標一出願の原則により，その商標を使用する一又は二以上の商品又は役務を指定して，商標ごとに行う必要があります（商6条1項）。すなわち，一つの商標登録出願では一つの商標しか出願することができません。

ウ　適切

　指定商品・指定役務の範囲の変更や拡大は，非類似の商品・役務へ変更や拡大する場合だけではなく，他の類似の商品・役務へ変更や拡大する場合も要旨の変更に該当するので，そのような補正は認められません（商16条の2第1項，商標審査基準　第13）。

エ　不適切

　農林水産物等又はこれに類似する商品又はその商品に係る役務に係る登録商標と同一又は類似の名称は，商標権者本人であるかいなかにかかわらず，地理的表示の登録を受けることができません（地理的表示13条1項4号ロ）。

問33　正解: イ　　　　　　　　　　　　特許協力条約（PCT）

　国際調査では，発明の特許性に関する審査が行われ，その結果として，審査官の見解として国際調査見解書が示されます（PCT規則43の2.1）。また，国際調査報告と国際調査見解書を受け取った出願人は，国際出願の請求の範囲について，1回に限り補正をすることができます（PCT19条（1））。

問34　正解: ア　　　　　　　　　　意匠法の保護対象と登録要件

ア　適切

　自己の関連意匠にのみ類似する意匠については，当該関連意匠を本意匠とみなして，意匠登録を受けることができます（意10条4項）。

イ　不適切

　画像の用途にとって不可欠な表示のみからなる意匠は，意匠登録を受けることができない意匠に該当します（意5条3号）。

ウ　不適切

　他人の業務に係る物品，建築物又は画像と混同を生ずるおそれがある意匠は，他の登録要件を満たす場合であっても，意匠登録を受けることができません（意5条2号）。

エ　不適切

　同一又は類似の意匠について，異なった日に二以上の意匠登録出願があった場合は，最先の意匠登録出願人のみがその意匠について，意匠登録を受けることができます（意9条1項）。したがって，先願に係る他人の登録意匠に類似する意匠は，意匠登録を受けることができません。

問35　正解: ア　　　　　　　　　　　　　　　　　　　著作権の変動

　著作権法第61条第2項では，著作権を譲渡する契約において，著作権法第27条（二次的著作物の創作権）又は著作権法第28条（二次的著作物の利用権）に規定する権利が譲渡の目的として特掲されていないときは，これらの権利は，譲渡した者に留保されたものと推定すると規定されています。

問36　正解: エ　　　　　　　　　　　　　　　　　　商標権の侵害と救済

ア　適切

　何人も，商標登録に係る指定商品又は指定役務が複数ある場合には，その指定商品又は指定役務ごとに不使用取消審判を請求することができます（商50条1項）。

イ　適切

　商標権者が故意に登録商標に類似する商標を使用し，又は指定商品・指定役務に類似する商品・役務について登録商標もしくはこれに類似する商標を使用して，商品の品質もしくは役務の質の誤認又は他人の業務に係る商品・役務と混同を生ずるものをしたときは，何人も，その商標登録を取り消すことについて，不正使用取消審判を請求することができます（商51条1項）。

ウ　適切

　イと同じく，専用使用権者又は通常使用権者が，商品の品質もしくは役務の質の誤認又は他人の業務に係る商品等と混同を生ずるものをしたときは，何人も，その商標登録を取り消すことについて，不正使用取消審判を請求することができます（商53条1項）。

エ　不適切

　何人も，登録異議の申立てをすることができます。ただし，登録異議の申立てをすることができる期間は，商標掲載公報の発行の日から2カ月以内に限られます（商43条の2柱書）。

問37　正解: ア　　　　　　　　　　　　　　　　　　特許出願の手続き

ア　適切

　特許を受ける権利が共有に係るときは，各共有者は，他の共有者と共同で特許出願をする必要があります（特38条）。

イ　不適切

　実体審査とは，出願された発明が新規性等の要件を満たしているかについて判断をするための審査のことをいい，実体審査は，特許庁長官ではなく，特許庁の審査官によって行われます（特47条）。

ウ　不適切

　特許出願の願書に特許出願人の氏名又は名称の記載がない場合，特許庁長官は，特許を受けようとする者に対して，その特許出願について補完することができる旨を通知します（特38条の2第1項，2項）。なお，手続補完書を提出して補完をしたときは，願書の提出日ではなく，その手続補完書の提出日が，特許出願の出願日とみなされます（特38条の2第6項）。

エ　不適切

　特許出願の願書に添付した明細書又は図面の一部が欠けている場合，特許庁長官は，特許を受けようとする者に対して，その旨を通知し，その通知を受けた特許出願人は，その明細書又は図面について補完することができます（特38条の4第1項，第2項）。

問38　正解: ア　　　　　　　　　　　　　　商標権の侵害と救済

ア　不適切

　何人も商標掲載公報の発行日から２カ月以内に限り，登録異議の申立てを行うことができます（商43条の２）。よって，利害関係人であっても，２カ月経過後は登録異議の申立てをすることはできません。

イ　適切

　不使用取消審判の請求がされることを知った後に，その請求に係る登録商標の使用をする行為は，いわゆる駆け込み使用であって，登録商標の使用に該当しないものとして扱われます（商50条３項）。したがって，審判の請求前３カ月からその審判の請求の登録の日までの間に，その請求に係る登録商標を使用した場合であっても，商標登録は取り消されることがあります。

ウ　適切

　登録商標の不使用による商標登録の取り消しを免れるためには，商標権者，専用使用権者又は通常使用権者のいずれかの者が，各指定商品又は指定役務についての登録商標を使用している必要があります。本問では，指定商品と類似する役務に登録商標を使用しているのであって，指定商品について登録商標を使用しているとは認められないため，不使用取消審判によって，商標登録が取り消されることがあります（商50条１項）。

エ　適切

　商標法第３条第１項第１号（普通名称）などの所定の登録要件に違反して商標登録された場合，商標権の設定登録の日から５年を経過した後は，商標登録無効審判を請求することはできません（商47条１項）。しかし，設定登録の日から３年を経過した場合であっても５年を経過するまでは，商標登録無効審判を請求することができます。

問39　正解: エ　　　　　　　　　　　　　　　　　　　　特許要件

ア　適切

　特許を受ける権利を有する者の意に反して公然実施された場合や，特許を受ける権利を有する者の行為に起因して公然実施された場合であれば，特許出願前に公然実施された発明について新規性喪失の例外規定の適用を受けることができます（特30条2項）。

イ　適切

　特許を受ける権利を有する者の意に反して公知となった発明について，新規性喪失の例外規定の適用を受けるためには，その発明が公知となった日から1年以内に特許出願しなければなりません（特30条1項）。

ウ　適切

　新規性の判断は「出願日」ではなく「出願時」を基準としています（特29条1項各号）。したがって，同日であっても，技術内容を公表してしまった時点で，その技術内容は公知になっており，当該発明は新規性を喪失した発明に該当します。

エ　不適切

　特許を受ける権利を有する者の意に反して公知となった場合や，特許を受ける権利を有する者の行為に起因して公知となった場合であれば，政府等が主催するものではない博覧会で発表した発明について，新規性喪失の例外規定の適用を受けることができます。また，適用を受けるために発表前に当該博覧会について所定の申請を特許庁長官に届け出て指定を受けなければならないという規定はありません。

問40　正解: エ　　　　　　　　　　　　　　　　　　　　　　**民法**

ア　適切

　意思表示に錯誤があった場合，その錯誤が所定の錯誤であり，法律行為の目的及び取引上の社会通念に照らして重要なものであるときは，取り消すことができます（民95条1項）。

イ　適切

　契約は，申込の意思表示と承諾の意思表示とが合致した時点で成立します。したがって，契約当事者間で意思表示が合致していれば，たとえ口頭であっても契約は有効に成立します。

ウ　適切

　契約の当事者は，相手方の債務不履行を理由に契約を解除することができます（民541条）。契約を解除した場合には，当該契約は過去にさかのぼって効力を失うことになります（民545条1項）。

エ　不適切

　契約不適合責任は，民法上定められていますが（民562条），契約自由の原則から，当事者間の契約によって，契約不適合責任を排除したり制限したりする特約を交わすこともできます。

実力テスト
実技問題

　時計メーカーX社は，部品aと部品bと部品cを備える新規な時計に関する発明Aについて，2019年7月1日にスイス国で特許出願Pをした。その後，日本でも特許を取得すべく，特許出願Pに基づいてパリ条約上の優先権を主張して2020年6月30日に，発明Aについて日本で特許出願Qをした。特許出願Qに係る特許請求の範囲には，部品aと部品bと部品cを備える発明Aが記載されていた。特許出願Qは，そのまま拒絶理由が通知されることなく2021年9月1日に設定登録され，2021年9月8日に特許掲載公報が発行された。時計メーカーY社の知的財産部の部員**甲**が発明Aについて調査したところ，次の事実1及び事実2が判明したため，**甲**は特許異議の申立てをすることを検討している。

事実1　2019年8月1日に日本で特許出願され，2020年6月10日に早期に出願公開された特許出願Rが存在し，その特許請求の範囲には，部品aと部品bと部品cを備える時計に関する発明Aが記載されていた。

事実2　2019年6月15日にスイス国内で発行された時計専門雑誌Sにおいて，部品aと部品bと部品cを備える時計に関する発明AについてX社の意に反して勝手に掲載されていた。なお，雑誌Sは2019年7月15日から日本国内においても販売されていた。

　更に**甲**は，特許出願Qに係る特許異議申立ての手続について，同じ知的財産部の部員**乙**に確認した。

甲　「この場合の特許異議の申立てはいつまでにする必要がありますか。」

乙　「2021年12月1日の水曜日までにする必要がありますので，急いで検討して申立ての手続を行う必要があります。」

　以上を前提として，**問1〜問6**に答えなさい。

問1
　特許出願Qに係る特許について，特許出願Rを引用して取り消されないと考えられる場合は「〇」を，取り消されると考えられる場合は「×」と答えなさい。

問2
　問1において，取り消されない又は取り消されると判断した理由として，最も適切と考えられるものを【理由群Ⅰ】の中から1つだけ選びなさい。

> 【理由群 I 】
> **ア** 新規性（特許法第 29 条第 1 項）を理由に取り消されるため
> **イ** 進歩性（特許法第 29 条第 2 項）を理由に取り消されるため
> **ウ** 先願（特許法第 39 条）を理由に取り消されるため
> **エ** 取消理由が存在しないため

問 3

特許出願 Q に係る特許について，時計専門雑誌 S を引用して取り消されないと考えられる場合は「○」を，取り消されると考えられる場合は「×」と答えなさい。

問 4

問 3 において，取り消されない又は取り消されると判断した理由として，最も適切と考えられるものを【理由群 II 】の中から 1 つだけ選びなさい。

> 【理由群 II 】
> **ア** 新規性（特許法第 29 条第 1 項）を理由に取り消されるため
> **イ** 拡大先願（特許法第 29 条の 2 ）を理由に取り消されるため
> **ウ** 先願（特許法第 39 条）を理由に取り消されるため
> **エ** 取消理由が存在しないため

問 5

乙の発言について，適切と考えられる場合は「○」を，不適切と考えられる場合は「×」と答えなさい。

問 6

問 5 において，適切又は不適切であると判断した理由として，最も適切と考えられるものを【理由群 III 】の中から 1 つだけ選びなさい。

> 【理由群 III 】
> **ア** 特許異議の申立ては設定登録日から 3 カ月以内にすることができるため
> **イ** 特許異議の申立ては設定登録日から 6 カ月以内にすることができるため
> **ウ** 特許異議の申立ては特許掲載公報の発行日から 3 カ月以内にすることができるため
> **エ** 特許異議の申立ては特許掲載公報の発行日から 6 カ月以内にすることができるため

　飲料メーカーX社は，マークMに係る商標について指定商品を「ウーロン茶」とする商標権の取得を検討している。X社の知的財産部の部員は，商標登録出願をする前に，指定商品を「ウーロン茶」とするマークMに係る登録商標について先行商標調査をした。これに関して，部員が発言1〜3をしている。なお，「ウーロン茶」と「酎ハイ」は非類似の商品であるものとし，「ウーロン茶」と「緑茶」は類似する商品であるとする。

発言1　「日本の飲料メーカーY社は，マークMを付した緑茶を販売し，この緑茶は，静岡県全域及び隣接する県を含む地域の人の間でよく知られ人気があるようです。しかし，わが社がマークMを使用する地域は北海道であり，また，Y社は商標登録出願をしていないので，わが社が先に商標登録出願をすれば，商標登録を受けることができます。」

発言2　「日本の著名な飲料メーカーZ社は，マークMに係る商標について指定商品を『酎ハイ』とする商標権を取得し，マークMが付されて販売されている酎ハイは，全国的にマスコミを通じて宣伝され，著名となっています。しかし，ウーロン茶と酎ハイは非類似の商品なので，わが社が商標登録出願をすれば，たとえZ社のマークMが著名であっても商標登録を受けることができます。」

発言3　「中国の飲料メーカーV社は，中国において，マークMに係る商標について指定商品を『ウーロン茶』とする商標権を取得していますが，これまでマークMに係る商標に関して使用していないことがわかりました。わが社が先に商標登録出願をすれば，商標登録を受けることができます。」

　以上を前提として，**問7〜問12**に答えなさい。

問7
　発言1について，適切と考えられる場合は「○」を，不適切と考えられる場合は「×」と答えなさい。

問8
　問7において，適切又は不適切であると判断した理由として，最も適切と考えられるものを【理由群Ⅳ】の中から1つだけ選びなさい。

【理由群Ⅳ】

ア 公の秩序又は善良の風俗を害するおそれがある商標（商標法第4条第1項第7号）に該当することを理由に拒絶されるため

イ 他人の業務に係る商品等を表示するものとして需要者の間に広く認識されている商標であって，その商品等又はこれらに類似する商品等について使用するもの（商標法第4条第1項第10号）に該当することを理由に拒絶されるため

ウ 他人の業務に係る商品等と混同を生じるおそれがある商標（商標法第4条第1項第15号）に該当することを理由に拒絶されるため

エ 拒絶理由には該当しないため

問9

発言2について，適切と考えられる場合は「○」を，不適切と考えられる場合は「×」と答えなさい。

問10

問9において，適切又は不適切であると判断した理由として，最も適切と考えられるものを【理由群Ⅴ】の中から1つだけ選びなさい。

【理由群Ⅴ】

ア 他人の業務に係る商品等を表示するものとして需要者の間に広く認識されている商標であって，その商品等又はこれらに類似する商品等について使用するもの（商標法第4条第1項第10号）に該当することを理由に拒絶されるため

イ 先に出願された他人の登録商標又はこれに類似する商標であって，その商標登録に係る指定商品等又はこれらに類似する商品等について使用するもの（商標法第4条第1項第11号）に該当することを理由に拒絶されるため

ウ 他人の業務に係る商品等と混同を生じるおそれがある商標（商標法第4条第1項第15号）に該当することを理由に拒絶されるため

エ 拒絶理由には該当しないため

問11

発言3について，適切と考えられる場合は「○」を，不適切と考えられる場合は「×」と答えなさい。

問12

問11において，適切又は不適切であると判断した理由として，最も適切と考えられるものを【理由群Ⅵ】の中から1つだけ選びなさい。

【理由群Ⅵ】

ア 先に出願された他人の登録商標又はこれに類似する商標であって，その商標登録に係る指定商品等又はこれらに類似する商品等について使用するもの（商標法第4条第1項第11号）に該当することを理由に拒絶されるため

イ 他人の業務に係る商品等と混同を生じるおそれがある商標（商標法第4条第1項第15号）に該当することを理由に拒絶されるため

ウ 他人の業務に係る商品等を表示するものとして国内外において需要者の間に広く認識されている商標と同一の商標を不正の目的をもって使用するもの（商標法第4条第1項第15号）に該当することを理由に拒絶されるため

エ 拒絶理由には該当しないため

問13～問18

　広告会社X社の営業部の**甲**が，コンテンツの利用方法について法務部の部員に質問をしている。発言1～3は**甲**の発言である。

発言1　「クライアントが，カフェを開店することになりました。カフェの宣伝として，アマチュアのバンドを招いて，若手の作曲家**乙**が映画のテーマソングとして作曲した曲を演奏してもらうライブを行うことを企画しています。ライブでは客は無料で演奏を聴くことができて，バンドのメンバーには演奏料を支払う予定はありません。また，ライブ演奏だけで録音等は行いません。この場合，著作権法上，問題はありませんよね。」

発言2　「営業部全体で著作権の勉強会をしています。著作権侵害に関する最高裁判決の一部分を，部員全員に配布するため，全員分の数のコピーをしようとしています。この場合，著作権法上，問題はありませんよね。」

発言3　「私は，ピアニスト**丙**のファンなので，自分のブログでのBGMとして，昨年録音された市販のCDに収録されている**丙**の演奏したモーツァルトの曲が流れるようにしたいと考えています。ブログは，営利を目的とせず個人的な趣味でやっているものです。この場合，著作権法上，問題はありませんよね。」

　以上を前提として，**問13～問18**に答えなさい。

問13

　発言1について，適切と考えられる場合は「○」を，不適切と考えられる場合は「×」と答えなさい。

問14

　【理由群Ⅶ】の中から，問13において適切又は不適切と判断した理由として，最も適切と考えられるものを1つだけ選びなさい。

> 【理由群Ⅶ】
> **ア**　著作権及び実演家の著作隣接権を侵害しないため
> **イ**　著作権を侵害しないが，実演家の著作隣接権を侵害するおそれがあるため
> **ウ**　実演家の著作隣接権を侵害しないが，著作権を侵害するおそれがあるため
> **エ**　著作権及び実演家の著作隣接権を侵害するおそれがあるため

問15

発言2について，適切と考えられる場合は「○」を，不適切と考えられる場合は「×」と答えなさい。

問16

【理由群Ⅷ】の中から，問15において適切又は不適切と判断した理由として，最も適切と考えられるものを1つだけ選びなさい。

【理由群Ⅷ】

ア 複製権の侵害となるため

イ 判決文は著作物ではないため

ウ 判決文は保護対象とはならない著作物のため

エ 同一性保持権の侵害となるため

問17

発言3について，適切と考えられる場合は「○」を，不適切と考えられる場合は「×」と答えなさい。

問18

【理由群Ⅸ】の中から，問17において適切又は不適切と判断した理由として，最も適切と考えられるものを1つだけ選びなさい。

【理由群Ⅸ】

ア 著作権及び著作隣接権を侵害しないため

イ 著作権を侵害しないが，著作隣接権を侵害するおそれがあるため

ウ 著作隣接権を侵害しないが，著作権を侵害するおそれがあるため

エ 著作権及び著作隣接権を侵害するおそれがあるため

問19　　　　　　　　　　　　　　　　44回　実技　問24

スポーツ用品メーカーX社は，今年の夏に発売するスニーカーのプロモーションビデオを制作することになった。**ア〜エ**を比較して，このプロモーションビデオの制作会議におけるX社の従業員**甲**の発言として，最も**不適切**と考えられるものを1つだけ選びなさい。

ア　「プロモーションビデオを社内で制作することを検討しています。X社の広報室の**乙**に職務の一環として制作させ，X社の名義で公表する場合，このプロモーションビデオの著作者は**乙**となり，著作権者はX社となります。」

イ　「プロモーションビデオの制作を，映像制作会社Y社に委託する場合，X社が委託元ですが，Y社が制作したプロモーションビデオの著作権者はY社となります。」

ウ　「プロモーションビデオの制作を，社外の者に委託することを検討しています。X社が制作費のすべてを負担したとしても，X社はプロモーションビデオの著作者とはなりません。」

エ　「プロモーションビデオの制作をX社と映像制作会社W社が共同で行った場合，プロモーションビデオの著作権者はX社とW社となります。」

　ア～エを比較して，職務発明に関して，最も適切と考えられるものを1つだけ選びなさい。

ア　X社の従業者だった**甲**は，現在はX社を退職している。**甲**が，X社の業務範囲に属しかつ**甲**の在職時の職務に関する発明について，X社を退職した後に完成させ特許権Pを取得した場合，X社は**甲**から特許権Pの譲渡を受ける権利を有する。

イ　X社の従業者**乙**は，現在，Y社に出向しY社から給与の支払を受けて，Y社から職務に関する指示を受け，Y社の施設及び費用を用いて研究を行っている。**乙**が，Y社の業務範囲に属し，かつ現在の職務に関する発明をした場合，X社の職務発明となる。

ウ　X社の従業者**丙**は，自らの職務発明について特許権Qを取得し，ライバル会社W社に特許権Qを譲渡した。X社の職務発明規程に「職務発明についての特許を受ける権利又は特許権はX社に譲渡される」旨の記載がない場合，X社は，継続して当該職務発明に係る事業を実施することはできるが，W社に対してライセンス料を支払わなければならない。

エ　X社の従業者だった**丁**は，1年前にX社を退職した。**丁**が，X社の業務範囲に属しかつ**丁**の在職時の職務に関する発明について，X社を退職する2カ月前に自ら特許出願をし，その後特許を受けていた場合，X社は，**丁**の許諾がなくても当該特許発明を実施することができる。

問21

　写真撮影が趣味である**甲**は，自分で撮影した写真を自分のブログに掲載することを検討している。**ア～エ**を比較して，**甲**の発言として，最も適切と考えられるものはどれか。

ア　「友人が創作し，自宅の部屋に飾っている彫刻の写真を撮りました。この写真の画像を掲載すると，友人の公衆送信権を侵害することになります。」

イ　「地元の駅前で写真を撮りました。写真に，来月行われる地元のマラソン大会のポスターの一部がたまたま小さく写り込んでしまいました。この写真の画像を掲載すると，このポスターの著作権者の公衆送信権を侵害することになります。」

ウ　「会社の上司の写真を撮りました。この写真の画像を掲載すると，その上司のパブリシティ権を侵害することになります。」

エ　「動物園へ行ったら，ワイドショーで取り上げられた猿がいたので，その猿の写真を撮りました。この写真の画像を掲載すると，この猿の肖像権を侵害することになります。」

問22

　X社が配信するストリーミング配信サービスAは，X社の有料会員以外の者が受信できないようにするための技術的制限手段Bを備えている。技術的制限手段Bを無効化して，違法にストリーミング配信サービスAを受信するための装置Cに関して，X社の法務部の部員**甲**が不正競争防止法による対応を検討している。**ア～エ**を比較して，**甲**の発言として，最も**不適切**と考えられるものを1つだけ選びなさい。

ア　「装置Cの販売者は，不正競争防止法に違反するとして刑事罰が科される場合があります。」

イ　「装置Cの開発者が，家庭内で使用する目的の者に対して装置Cを譲渡した場合には，わが社は損害賠償を請求することはできません。」

ウ　「装置Cが，日本国内では一切流通しておらず，外国への輸出のみがなされている場合において，装置Cの輸出行為は，不正競争行為に該当します。」

エ　「技術的制限手段Bの試験又は研究のために装置Cを譲渡する行為は，不正競争行為に該当しません。」

X社では，既に特許権Pを取得している音声認識技術を用いた小型翻訳機である装置Aの製造販売を，新規事業として検討している。そこで，新規事業戦略会議を開き，特に知的財産に関する検討を行うこととした。ア〜エを比較して，X社の知的財産部の部員の発言として，最も適切と考えられるものはどれか。

ア 「資金調達と市場の拡大のため，できるだけ多くの企業と専用実施権の契約を結びましょう。」

イ 「新規事業を開始するにあたっては，ライバル企業の特許権を調べれば十分であり，権利化前の他の特許出願の権利化の可能性や自社事業への影響等についての調査や検討は必要ない。」

ウ 「自社の特許発明と他社製品とで構成要素が異なる場合であっても，その異なる構成要素が特許発明の本質的な部分でない場合には，他社の行為が特許権の侵害とされることがある。」

エ 「装置Aはその形状もユニークなのですが，既に特許権Pを取得しているため，その形状に関して，更に意匠権を取得する必要はありません。」

問24　　　　　　　　　　　　　　45回　実技　問20

　オーディオ機器メーカーX社が新たに開発したVR（仮想現実）ゴーグルは，他社の技術より先行している一方で，そのディスプレイについては特許を有する中小企業であるY社のものを使用している。この場合にX社のとるべき戦略について，知的財産部の部員**甲**が発言をしている。**ア～エ**を比較して，**甲**の発言として，最も**不適切**と考えられるものを1つだけ選びなさい。

ア　「VRゴーグルに関して，Y社以外にわが社とのシナジー効果がある会社の有無を調べるために，IPランドスケープを活用すべきです。」

イ　「わが社のVRデバイス事業は新規事業であり，他社の特許に抵触しないことを確認するために，徹底的にIPランドスケープを活用すべきです。」

ウ　「既に市場で先行している他社のVRデバイス事業との関係を踏まえたわが社の事業戦略を立案するために，IPランドスケープを活用すべきです。」

エ　「ディスプレイを製造しているY社をM&Aにより買収するかどうかの判断を行うために，IPランドスケープを活用すべきです。」

問25　　　　　　　　　　　　　　41回　実技　問21

　ア～エを比較して，意匠登録出願に関して，最も**不適切**と考えられるものはどれか。

ア　意匠登録出願前にスマートフォンが雑誌の記事として掲載された場合であっても，そのスマートフォンの形状について意匠登録を受けることができる場合がある。

イ　空気清浄機に係る意匠について関連意匠の意匠登録出願をするときには，当該意匠と類似する他の意匠を本意匠として，その本意匠の出願日と同日に意匠登録出願をしなければならない。

ウ　コーヒーセットと，コーヒーセットとは同時に使用されない電子計算機とを組み合わせて，「一組の飲食用容器セット」として組物の意匠登録出願をした場合には，当該意匠登録出願は拒絶される。

エ　食品メーカーX社と，玩具メーカーY社とで共同開発した玩具付き菓子のパッケージのデザインに関して意匠登録出願をする場合，X社の創作に対する貢献度が高い場合であっても，X社はY社に無断で意匠登録出願をすることができない。

　X社では，特許権Pを取得している画像認識技術を用いた疾患診断支援システムである装置Aの製造販売を，新規事業として検討している。そこで，新規事業戦略会議を開き，特に知的財産に関する検討を行うこととした。**ア～エ**を比較して，X社の知的財産部の部員の発言として，最も適切と考えられるものを1つだけ選びなさい。

ア　「わが社は東京証券取引所のプライム市場に属しているため，コーポレートガバナンス・コードの対象外です。そのため新規事業の開始の際の知的財産権の侵害のリスクがある場合であっても，知的財産担当取締役や取締役会にまでは報告する必要はないでしょう。」

イ　「特許権Pに係る明細書に開示のない『装置Aの作動方法』についても特許出願し，新規事業に有利な特許ポートフォリオを形成したいのですが，人を診断する方法は特許要件を満たさないので，『装置Aの作動方法』について特許権を取得することはできないでしょう。」

ウ　「競合会社であるY社が製造販売している製品Bが，装置Aと同じ機能を備えているとの情報を入手しました。製品Bの製造販売行為は，特許権Pを侵害しているかもしれません。すぐにY社に対して侵害に関する警告書を送付しましょう。」

エ　「競合会社であるW社が学術誌に投稿した論文には，わが社のコア技術を評価した試験結果が掲載されています。一方，W社による製品の製造販売の事実はまだありません。この段階では，W社に対して特許権Pに基づいた権利行使をすることはできません。」

問27

　化粧品メーカーX社は，シャンプーAとリンスBの容器に施す新しいデザインDを創作した。X社は，シャンプーAとリンスBとを独占的に製造販売したいので，デザインDについてX社の知的財産部の部員が，意匠権の取得を検討している。なお，「シャンプー容器」と「リンス容器」は類似する物品である。**ア〜エ**を比較して，部員の考えとして，最も**不適切**と考えられるものはどれか。

ア リンスBの容器について，意匠登録をすべき旨の査定が送達された場合，第1年分の登録料の納付は，その査定の謄本送達日から30日以内に行わなければならない。

イ シャンプーAの容器とリンスBの容器に施されたデザインDは特徴的な模様であるが，意匠に係る物品が異なるので，関連意匠として登録を受けることはできない。

ウ X社がシャンプーAの容器について意匠登録出願をした後に，Y社がシャンプーAの容器と同一のデザインの容器のシャンプーCの販売を開始した場合に，当該意匠登録出願が登録されるまで，X社は，Y社のシャンプーCの販売に関して，意匠法上何ら保護を受けることはできない。

エ リンスBの容器について，意匠登録出願の出願時に秘密請求をしなかった場合であっても，第1年分の登録料の納付と同時に秘密請求をすれば，秘密意匠の適用を受けることができる。

　スポーツ用品メーカーX社は，シューズAを1年後に発売する旨を業界新聞に発表した。その後，Y社からX社に対して，シューズAの製造販売に関して，Y社の特許権Pを侵害する旨の警告書が送られてきた。また，シューズAの商品名Bについて，先行商標調査をしたところ，W社が，指定商品が靴で，商品名Bと類似する商標Cについて，商標登録出願Mを出願していることがわかった。**ア～エ**を比較して，X社の知的財産部の部員の発言として，最も**不適切**と考えられるものはどれか。

ア　「特許権Pは日本国内でしか権利取得されていないことが判明しました。わが社のシューズAは日本国内で製造して全数を輸出する予定ですが，特許権Pが問題になる可能性があります。」

イ　「シューズAの試作品の製造が特許権Pの出願後であっても，特許権Pの出願前からシューズAの製造販売の準備が行われていた場合には，特許権Pに対抗できる場合があります。」

ウ　「シューズAが特許権Pを用いている場合であっても，試験又は研究のために試作したシューズAには特許権Pの効力は及ばないので，その試作したシューズAを販売しても，特許権Pの侵害とはなりません。」

エ　「商標Cを付したW社の製品は子供用長靴であることが判明しました。シューズと子供用長靴は異なる商品ですが，商品名Bの使用には商標権侵害のリスクがあります。」

問29

　食器メーカーX社が，新しいデザインの食器Aを開発して販売したところ，たちまち人気商品となった。X社は食器Aについて意匠登録出願をしていなかったので，食器A及び食器Aのデザインを改良した食器Bについての意匠登録出願を検討している。**ア～エ**を比較して，最も**不適切**と考えられるものを1つだけ選びなさい。

ア　新規性喪失の例外の適用を受けて，食器Aについて意匠登録出願をする場合には，新規性喪失の例外の適用を受けようとする旨を記載した書面を，出願と同時に提出しなければならない。

イ　食器Aと食器Bとが類似する場合であっても，食器Aと食器Bとは同一ではないために，新規性喪失の例外の適用を受けても，食器Bについて意匠登録出願をすることはできない。

ウ　食器Aについて意匠登録を受けるためには，新規性喪失の例外の適用を受けることができるように，食器Aの販売を開始した日から1年以内に意匠登録出願をしなければならない。

エ　新規性喪失の例外の適用を受けて，食器Aについて意匠登録出願をする場合には，新規性喪失の例外の適用を受けることができる意匠であることを証明する書面を，意匠登録出願の日から30日以内に特許庁長官に提出しなければならない。

　新しい品種Aについて品種登録を受けたX社は，第三者による品種Aの無許諾
利用行為について育成者権の効力が及ぶか否かを検討している。**ア〜エ**を比較し
て，最も適切と考えられるものはどれか。

ア　X社が販売している品種Aの種苗を小売店から購入したY社が，その購入し
　　た種苗を用いて種苗を増殖する行為には，育成者権の効力が及ばない。

イ　X社が販売している品種Aの種苗を卸売業者から購入したZ社が，その購入
　　した種苗を農家に販売する行為には，育成者権の効力が及ぶ。

ウ　品種Aの種苗を入手したU社が，品種Aと異なる新品種の育成の研究に利用
　　するため，品種Aの種苗を増殖する行為には，育成者権の効力が及ぶ。

エ　X社が販売している品種Aの種苗を小売店から購入した農業者が，その購入
　　した種苗を用いて品種Aを栽培し，その品種Aの収穫物の一部について次期
　　作の種苗として用いる行為には，育成者権の効力が及ばない場合がある。

　ア〜エを比較して，ライセンス契約についてのX社の知的財産部の部員**甲**の発
言として，最も**不適切**と考えられるものを1つだけ選びなさい。

ア　「特許や商標のライセンス交渉の場合，人工知能が作成した契約書をそのまま
　　使用した場合であっても，交渉する双方の署名押印があり，意思表示が合致
　　しているのであれば，契約は効力を発生します。」

イ　「契約は，所定の要件を満たさないと有効な契約とは認められないので，当事
　　者間で合意すればどんな取決めもできるというものではありません。」

ウ　「ライセンス契約の調印者は，できれば代表取締役が望ましいのですが，知的
　　財産に関する契約の締結について権限を有する知的財産部の部長でも問題
　　はありません。」

エ　「契約の法的な証拠としての価値という観点からは，直筆でサインしている署
　　名と，ゴム印で氏名を印したような記名とでは，証拠としての価値はほとん
　　ど変わらないと考えられます。」

問32

　化学メーカーX社では，新規事業を始めるにあたり，X社に不足する技術を M&A によりY社又はZ社を買収して補完することを考えている。X社の知的財産部の部員**甲**は，IP ランドスケープとして，新規事業部の部長に見せるための図の作成を検討している。**ア～エ**を比較して，**甲**の考えとして，最も適切と考えられるものはどれか。

ア　縦軸にマーケットにおける技術評価の高い順に技術を並べ，横軸にそれぞれの技術の出願件数をとり，Y社，Z社のそれぞれについて図を作成して技術の補完度を検討する。

イ　縦軸に新規事業において必要となる発明の国際特許分類（IPC）をX社の保有件数順に並べ，横軸にそれぞれの国際特許分類の出願件数をとり，X社とY社，X社とZ社のそれぞれについての件数を比較した図を作成して技術の補完度を検討する。

ウ　縦軸にマーケットにおける技術評価の高い順に技術を並べ，横軸にそれぞれの技術の出願件数をとり，X社とY社，X社とZ社のそれぞれについての件数を比較した図を作成して技術の補完度を検討する。

エ　縦軸に新規事業において必要となる発明の国際特許分類（IPC）をX社の保有件数順に並べ，横軸にそれぞれの国際特許分類の出願件数をとり，Y社，Z社のそれぞれについて図を作成して技術の補完度を検討する。

　X市内の公園に，美術大学の学生**甲**が創作したモニュメントＡが恒常的に設置されている。X市は，モニュメントＡの写生大会を開催し，写生した絵を募集するコンテストをし，優秀作品をX市のウェブサイトに掲載することを予定している。また，写生大会の様子をビデオカメラで撮影した映像についても，X市のウェブサイトに掲載することを予定している。**ア～エ**を比較して，写生した絵及び撮影した映像の掲載に関するX市の総務部の部員**乙**の発言として，最も適切と考えられるものを１つだけ選びなさい。

ア　「モニュメントＡは美術の著作物に該当します。写生した絵をコンテストに応募するためにモニュメントＡを写生することは，モニュメントＡの複製にあたるので，モニュメントＡを創作した**甲**の許諾が必要です。」

イ　「写生大会の様子をビデオカメラで撮影した際に参加者が口ずさんでいた楽曲が短時間録り込まれていた場合でも，撮影した映像をウェブサイトに掲載することについて，楽曲の著作権者の許諾が必要ではありません。」

ウ　「コンテストで募集した絵を撮影してX市のウェブサイトに掲載することについては，募集要項にかかわらず，応募者の許諾は必要ありません。」

エ　「写生大会の参加者の様子を本人が特定できないような形で撮影することや撮影した映像をX市のウェブサイトに掲載することについては，被写体になった参加者の承諾が必ず必要です。」

　X社は，2022年2月2日にした特許出願Pについて，2022年7月7日に早期公開の請求をして，当該特許出願Pは2022年8月8日に出願公開がされた。この場合，特許出願Pの出願審査請求ができる期限日が属するのは西暦何年何月か答えなさい。

問35〜問37

　次の会話は，X社の発明Aに関する発明者**甲**と，知的財産部の部員**乙**とのものである。**問35〜問37**に答えなさい。

甲「発明Aについては，日本で特許を取得したので，米国でも問題なく特許を取得できますね。」

乙「いいえ，パリ条約の　［ 1 ］　の原則により，必ずしも米国で特許をとれるかどうかはわかりません。」

甲「今回の米国の特許出願は，日本と米国を指定国に含む　［ 2 ］　による国際出願として行ったそうですね。この国際出願の特徴は何ですか。」

乙「［ 2 ］　による国際出願の方式審査が，国際出願を受理した受理官庁によって国際的に統一された基準で行われ，受理日が　［ 3 ］　として認定されることが特徴です。」

問35

　【語群X】の中から，空欄　［ 1 ］　に入る語句として，最も適切と考えられるものを1つだけ選びなさい。

問36

　【語群X】の中から，空欄　［ 2 ］　に入る語句として，最も適切と考えられるものを1つだけ選びなさい。

問37

　【語群X】の中から，空欄　［ 3 ］　に入る語句として，最も適切と考えられるものを1つだけ選びなさい。

【語群X】

ア 属地主義	**カ** 指定出願日	
イ TRIPS 協定	**キ** 特許協力条約（PCT）	
ウ 国際出願日	**ク** 特許独立	
エ 内国民待遇	**ケ** 選択出願日	
オ マドリッド協定		

　芸能プロダクションＸ社の法務部の部員**甲**が，著作隣接権について同僚**乙**に質問をしている。次の会話は**甲**と**乙**のものである。**問38〜問40**に答えなさい。

甲「実演家は同一性保持権を有します。どのような改変がされると，実演家の同一性保持権を侵害することになりますか。」

乙「実演家の[　1　]実演の変更，切除その他の改変がされると，同一性保持権を侵害することになります。」

甲「レコード製作者も著作隣接権を有します。そもそもレコード製作者とは，どのような人をいうのですか。」

乙「著作権法上，レコード[　2　]した者とされています。」

甲「実演家やレコード製作者の保護について規定されている条約等はありますか。」

乙「例えば，[　3　]で規定されています。」

問38
　空欄[　1　]に入る最も適切な語句を【語群XI】の中から選びなさい。
問39
　空欄[　2　]に入る最も適切な語句を【語群XI】の中から選びなさい。
問40
　空欄[　3　]に入る最も適切な語句を【語群XI】の中から選びなさい。

【語群XI】

名誉又は声望を害する　　意に反する　　に固定されている音を最初に固定
を最初に販売　　TRIPS協定　　マドリッド協定　　ハーグ協定

実力テスト
実技解説

問1～問6

特許要件　パリ条約

問1　正解：〇（取り消されない）

問2　正解：エ

　特許出願Qは，特許出願Pを基礎とするパリ条約の優先権を主張したものであるため，優先期間（具体的には，特許出願Pの出願日から12カ月の間）になされた特許出願等によって不利に取り扱われることはありません（パリ4条B）。ここで，特許出願Rは，優先期間中に出願されているので，特許出願Qに係る特許は，特許出願Rを引用して取り消しになることはありません。

問3　正解：×（取り消される）

問4　正解：ア

　特許出願Qは，特許出願Pを基礎とするパリ条約の優先権を主張しているので，優先期間内の行為によって不利に取り扱われることはありません（パリ4条B）。しかし，発明Aが掲載された雑誌Sが優先期間よりも前に発行されているため，特許出願Qは，優先権を主張しているものの，発明Aは新規性を失っています（特29条1項3号）。また，特許出願Qは，雑誌Sの発行日から1年を経過した後になされているため，新規性喪失の例外の適用を受けることができません（特30条1項）。したがって，特許出願Qに係る特許は，雑誌Sを引用して新規性を理由に取り消されると考えられます（特113条2号）。

問5　正解：×（不適切）

問6　正解：エ

　特許異議申し立ては，その特許掲載公報の発行日から6カ月以内に行う必要があります（特113条柱書）。本問の場合，特許出願Qに係る特許掲載公報が，2021年9月8日に発行されているため，2021年9月9日を起算日として6カ月後の2022年3月8日までに特許異議の申立てを行う必要があります。

問7～問12　　商標法　全般

問7　正解：×(不適切)

問8　正解：イ

「需要者の間に広く認識されている商標（商４条１項10号）」とは，全国的に認識されている商標のみならず，ある一地方で広く認識されている商標も含まれるので，静岡県全域及び隣接する県を含む地域で広く知られているＹ社の緑茶に付したマークＭは，商標法第４条第１項第10号の商標に該当します。したがって，Ｙ社と同じマークＭを商標とし，その指定商品を「ウーロン茶」としたＸ社の商標登録出願は拒絶されます。

問９　正解：×(不適切)

問10　正解：ウ

他人の業務に係る商品等と誤認し，その商品等の需要者が商品等の出所について混同するおそれがある場合だけでなく，その他人と経済的又は組織的に何らかの関係がある者の業務に係る商品等であると誤認し，その商品等の需要者が商品等の出所について混同するおそれがある場合も商標法第４条第１項第15号に該当します(商標審査基準　第３－十三)。したがって，たとえ商品が非類似であっても，全国的に著名となっているマークＭを商標としたＸ社の商標登録出願は拒絶されます。

問11　正解：○(適切)

問12　正解：エ

他人の業務に係る商品等を表示するものとして国内外において需要者の間に広く認識されている商標と同一の商標を不正の目的をもって使用する商標は登録を受けることはできません(商４条１項19号)。

しかし，Ｖ社は商標権に係る商標をこれまで一度も使用していないので，中国国内及び日本国内において周知や著名ではないと考えられます。さらに，Ｘ社にフリーライド等の不正の目的をもっているとは認めることはできないと考えられます。したがって，いずれの拒絶理由にも該当しないため，Ｘ社はマークＭについて商標登録を受けることができます。

問13　正解：×（不適切）
問14　正解：ウ

　作曲家乙が作曲した曲は，音楽の著作物であり（著10条1項2号），その曲を演奏する場合には，原則として，その著作物の著作権者に許可を得る必要があります（著22条）。一方，公表された著作物を，営利を目的とせず，かつ，聴衆又は観衆から料金を受けず，演奏者に報酬が支払われない場合には，著作権者の許可を得なくても，その著作物を演奏することができます（著38条1項）。本問では，カフェの宣伝として，作曲家乙が作曲した曲を演奏するため，営利を目的とした演奏に該当します。したがって，たとえ客は無料で演奏を聴くことができ，バンドのメンバーに演奏料が支払われなくても，乙の許可を得ずに乙の曲を演奏することはできません。

問15　正解：〇（適切）
問16　正解：ウ

　裁判所の判決は，著作権法の規定による権利の目的となることができない著作物です（著13条3号）。したがって，著作権侵害に関する最高裁判決を，営業部員に配布するため，全員分の数のコピーをしても，著作権及び著作者人格権の侵害行為には該当せず，著作権法上，問題にはなりません。

問17　正解：×（不適切）
問18　正解：イ

　丙が演奏したモーツァルトの曲は，著作物ですが，その著作権は，存続期間を満了しており既に消滅しています。一方，市販のCDに収録されている丙の演奏は，実演に該当し（著2条1項3号），丙の演奏が収録されている市販のCDは，レコードに該当します（著2条1項5号）。したがって，実演者である丙と，市販のCDを販売しているレコード製作者は，著作隣接権を有し，その一つとして送信可能化権を有します（著92条の2，96条の2）。一方，ブログで曲を流すことは，個人的な趣味でやっているものであったとしても，公衆に向けて送信することになるので，私的使用には該当しません。したがって，市販のCDに収録された丙の演奏をブログで流す行為は，著作権の侵害にはなりませんが，丙及びレコード製作者の著作隣接権を侵害することになります。

問19　正解: ア

ア　不適切

　職務著作の成立要件は，①法人等の発意に基づくこと，②その法人等の業務に従事する者が職務上作成する著作物であること，③その法人等が自己の著作の名義の下に公表すること（プログラムの著作物を除く），④その作成の時における契約，勤務規則その他に別段の定めがないことです（著15条1項）。本問では，社員を任命して職務の一環としてプロモーションビデオを制作させるので上記の要件①と②を満たします。したがって，残りの要件③と④を満たす場合には，プロモーションビデオは職務著作となり，X社が著作者となります。

イ　適切

　著作権は，著作物を創作した者に帰属します（著2条1項2号，17条1項）。プロモーションビデオの制作を，映像制作会社Y社に委託する場合，その著作者は，プロモーションビデオを実際に制作した委託先であるY社になります。

ウ　適切

　映画の著作物の著作者は，原則として，制作，監督，演出，撮影，美術等を担当してその映画の著作物の全体的形成に創作的に寄与した者（著16条）となりますが，職務著作に該当する映画については，法人が著作者になります（著15条1項）。本問において，プロモーションビデオの制作を，社外の者に委託する場合には職務著作とはならないので，X社はプロモーションビデオの著作者とはなりません。

エ　適切

　X社とW社が共同で制作したプロモーションビデオは，X社とW社の各人の寄与を分離して個別的に利用することができない場合，共同著作物（著2条1項12号）に該当し，その場合，プロモーションビデオの著作権者はX社とW社となります。

問20　正解: エ　　　　　　　　　　　　特許を受けることができる者

ア　不適切

　職務発明における職務とは，過去の職務も含まれます。ただし，ここでいう過去の職務とは，同一企業内で以前所属していた部署の仕事に限られます。本問のように甲がX社を退職後に完成させた発明について特許権を取得したとしても，X社の職務発明とはならないため，X社が甲に対して，この特許権の譲渡を受ける権利を有することはありません。

イ　不適切

　職務発明における職務とは，従業者等が会社からの指示で業務の一部を行うことを指します。本問では，乙はY社から職務に関する指示を受け，Y社の施設及び費用を用いて研究を行っていることから，乙がY社の業務範囲に属し，かつ現在の職務に関する発明をした場合，当該発明はX社ではなくY社の職務発明となります。

ウ　不適切

　使用者等は，従業者等が職務発明について特許を受けたとき，又は職務発明について特許を受ける権利を承継した者が，その発明について特許を受けたときは，その特許権について通常実施権を有します。また，職務発明で使用者が取得する通常実施権は，無償の通常実施権であるため，X社がW社に対してライセンス料を支払う必要はありません。

エ　適切

　使用者等は，従業者等が職務発明について特許を受けたとき，又は職務発明について特許を受ける権利を承継した者が，その発明について特許を受けたときは，その特許権について通常実施権を有します（特35条1項）。本問では，丁がX社の在職時に発明が完成し，特許出願をしていますので，X社は当該特許発明について通常実施権を有します。したがって，X社は丁から実施許諾を受けずに当該特許発明を実施することができます。

問21　正解: ア　　　　　　　　　　　　　　　　　　著作（財産）権

ア　適切

　彫刻は美術の著作物に該当し（著2条1項1号，10条1項4号），友人は著作者として著作権を有します（著2条1項2号，17条1項）。彫刻の写真を撮影することは複製に該当し（著2条1項15号），その画像をブログに掲載することは送信可能化に該当するので（著2条1項9号の5），友人に無断でそれらを行うと，その彫刻の著作物の複製権（著21条）及び公衆送信権（著23条1項）を侵害することになります。

イ　不適切

　権利者に無断でポスターを撮影することは複製に該当し（著2条1項15号），その画像をブログへ掲載することは送信可能化に該当するので（著2条1項9号の5），原則として，ポスターの著作物の複製権（著21条）及び公衆送信権（著23条1項）の侵害になります。一方，写真の撮影等によって著作物（写真等著作物）を創作するにあたって，撮影対象から分離することが困難であるため付随して対象となる他の著作物（写真等著作物における軽微な構成部分となるものに限る）は，原則として当該付随対象著作物の創作に伴って複製することができます（著30条の2第1項）。

ウ　不適切

　芸能人や有名人が顧客吸引力を持つ氏名や肖像を営利目的で使用できる権利を，判例上はパブリシティ権といいます（最高裁　平成24年2月2日　第一小法廷判決）。会社の上司は芸能人のように有名ではなく顧客吸引力がないと考えられるため，写真の画像をブログに掲載しても，会社の上司のパブリシティ権を侵害することはありません。

エ　不適切

　肖像権は，人のプライバシーを保護するために認められている権利であり，一般的に，動物には肖像権が認められていません。したがって，動物園にいる猿が写った写真の画像をブログに掲載しても，特に問題とはなりません。

実力テスト

問22　正解: イ

ア　適切

営業上用いられている技術的制限手段により制限されている配信サービスAを当該技術的制限手段の効果を妨げることにより受信可能とする機能を有する装置を譲渡した者が，その行為を図利加害目的で行っていた場合には，その者に対して刑事罰が科されます（不競21条1項17号）。

イ　不適切

技術的制限手段Bを無効化して違法に配信サービスAを受信するための装置Cを譲渡する行為は，譲渡する相手にかかわらず，不正競争行為に該当し（不競2条1項18号），その行為によって損害が発生した場合には，X社は損害賠償を請求することができます（不競4条）。

ウ　適切

技術的制限手段Bを無効化して違法に配信サービスAを受信するための装置Cを，日本で販売せずに外国に輸出するだけであっても，その行為は，不正競争行為に該当します（不競2条1項18号）。

エ　適切

技術的制限手段Bの試験又は研究のために装置Cを譲渡等する行為は，不正競争行為に該当しません（不競19条1項10号）。

問23　正解: ウ　　　　　　　　　　　　　　特許権　全般

ア　不適切

専用実施権は，独占権であるため，重複する範囲について複数人に対して設定することはできません（特77条2項）。したがって，資金調達等の目的でできるだけ多くの企業と契約を結ぶ際には，専用実施権ではなく通常実施権の契約を結ぶことが望ましいです。

イ　不適切

事業の開始時には権利化されていない特許出願であっても，事業の実施までに権利化されてしまう可能性があります。したがって，ライバル企業の特許権だけでなく，権利化前の特許出願についても十分な調査を行い，自社事業への影響等について検討を行うことが必要です。

ウ　適切

自社の特許発明と他社製品とで構成要素が異なっていても，その異なる構成要素が特許発明の本質的な部分でなく，いわゆる均等物に置き換えたものであれば，他社の行為が特許権の侵害とされる場合があります（最高裁　平成10年2月24日　第三小法廷判決）。

エ　不適切

特許権は，技術的思想である発明を保護するために付与される権利です（特1条）。一方，意匠権は，物品の外観・デザインを保護するために付与される権利です（意1条）。このように特許権と意匠権は，保護する対象が異なるので互いに併存できます。例えば，ある製品について技術的思想の観点で保護するために特許権を取得し，同じ製品の形状を保護するために，意匠権を取得することができます。

実力テスト

問24　正解: イ

IPランドスケープは，経営戦略や事業戦略を策定するために，知的財産に関する情報や市場情報等を活用して事業の見通し等を示す業務をいいます。

ア　適切

特許データ及びマーケティング情報等のビジネス情報を踏まえて，シナジー効果を生み出すと考えられるアライアンス候補先企業やM&A候補先企業を分析する場合に，IPランドスケープを活用することは適切です。

イ　不適切

IPランドスケープは，上記の通り，経営戦略や事業戦略の策定のために，知財情報及びマーケティング情報等のビジネス関連情報を活用して事業の見通し等を示す業務であり，単に，他社の特許に抵触しないようにすることのみを目的として行われるものではなく，より積極的に事業を成功させる目的のために行われます。

ウ　適切

IPランドスケープは，知財情報や市場情報を活用して，自社及び他社の現状を把握し，これらを踏まえて経営戦略や事業戦略を策定するために行われます。したがって，市場で先行している他社の事業との関係を踏まえて自社の事業戦略を立案する場合に，IPランドスケープを活用することは適切です。

エ　適切

ある特定の事業を成功させるために特許データ及びマーケティング情報等のビジネス情報を踏まえて，シナジー効果を生み出すと考えられるアライアンス候補先企業やM&A候補先企業を分析する場合に，IPランドスケープを活用することは適切です。

問25 正解: イ   意匠登録を受けるための手続き

ア 適切

スマートフォンは雑誌の記事への掲載により公開されたことから，新規性を喪失しているため，原則として，意匠登録を受けることができません。ただし，意匠登録を受ける権利を有する者の行為に起因して新規性を喪失した場合であっても，その意匠を公開した日から1年以内に，新規性喪失の例外規定の適用を受けて意匠登録出願をすることにより，意匠登録を受けることができる場合があります（意4条2項）。

イ 不適切

関連意匠とは，一のデザインコンセプトから創作されたバリエーションの意匠についても同等の価値を有するとして認め，例外的に保護するものです（意10条）。関連意匠として保護を受けるためには，本意匠の意匠登録出願の日から10年を経過する日前までに，同一出願人が出願する必要があります。したがって，本意匠の出願日と同日ではなくても，空気清浄機に係る意匠について関連意匠として意匠登録出願をすることができます。

ウ 適切

同時に使用される二以上の物品であって組物を構成する物品に係る意匠が，組物全体として統一があるときは，一意匠として出願をし，意匠登録を受けることができます（意8条）。しかし，同時に使用されないコーヒーセットと電子計算機を組み合わせて「一組の飲食用容器セット」とした組物の意匠登録出願は，拒絶理由に該当するため，拒絶されます（意17条1号）。

エ 適切

X社とY社は共同開発してデザインを創作しているので，創作に対する貢献度の高低にかかわらず，意匠を受ける権利は創作者であるX社とY社の共有となり，共有者全員でなければ意匠登録出願をすることができません（意15条で準用する特38条）。

問26　正解: エ

特許権の侵害と救済

ア　不適切

たとえコーポレートガバナンス・コードの対象外であっても，他社の特許権を侵害した場合には，他社から特許権侵害の責めを問われて，その事業を中断又は停止しなければならない場合があります。その点を踏まえて，新規事業を検討するに際しては，他社の知的財産権の侵害のリスクを確認し，権利侵害の可能性がある場合には，そのことを知的財産担当取締役や取締役会で報告する必要があります。

イ　不適切

日本では，人を診断する方法は，医療行為に該当するため，産業上利用することができない発明として特許を受けることができません（特29条1項柱書，特許実用新案審査基準　第Ⅲ部　第1章　3.1.1）。一方，装置Aの作動方法は，その方法自体が人を診断する方法ではないので（特許実用新案審査基準　第Ⅲ部　第1章　3.2.1），産業上利用することができる発明に該当し，その発明について特許権を取得することができます。

ウ　不適切

他社による特許権侵害を主張するためには，他社の製品が特許発明の技術的範囲に属していることが必要です（特68条）。たとえ自社の装置と同じ機能を備えているとしても，他社の製品が自社の特許発明の技術的範囲に属していなければ，侵害行為には該当しないので，十分に確認してから警告書を送付すべきです。

エ　適切

特許権の効力は，試験又は研究のためにする特許発明の実施権には及びません（特69条1項）。したがって，本問のように製品の製造販売の事実がなく，論文に試験結果が掲載された段階では，特許権の効力が及ばないので，特許権に基づいた権利行使をすることはできません。

問27　正解: イ

ア　適切

意匠権は，意匠登録をすべき旨の査定の謄本送達日から30日以内に第1年分の登録料を納付し，設定の登録がされることにより発生します（意20条1項，2項，43条1項）。つまり，意匠権の設定登録のための登録料は，謄本送達日から30日以内に納付しなければなりません。

イ　不適切

関連意匠制度は，自己の意匠登録出願に係る意匠又は自己の登録意匠を本意匠とし，本意匠に類似する意匠を保護する制度です（意10条）。本問では，シャンプーAの容器とリンスBの容器は，類似の物品であり，シャンプーAの容器のデザインDと，リンスBの容器のデザインDは，意匠としては互いに類似の関係にあるので，いずれか一方を本意匠とし，もう一方を関連意匠として登録を受けることができます。

ウ　適切

特許法における補償金請求権や商標法における金銭的請求権の制度では，一定要件の下，設定登録前の第三者による発明の実施又は商標の使用に対して，その損失を補填するための金銭の支払い請求が認められています（特65条，商13条の2）。しかし，意匠法には同様の制度は規定されていないため，X社は，意匠登録出願から意匠権の設定登録までの間は，他社がシャンプーCを販売する行為に対して，何ら保護を受けることはできません。

エ　適切

秘密意匠の適用を受けるためには，所定の書面を意匠登録出願と同時に，又は第1年分の登録料の納付と同時に特許庁長官に提出する必要があります（意14条2項）。したがって，意匠登録出願の出願時以外にも，第1年分の登録料の納付と同時に秘密請求をすれば，秘密意匠の適用を受けることができます。

実力テスト

ア　適切

　特許発明に係る物を生産し輸出する行為は，その特許発明の実施行為に該当するため，特許権者に無断で実施した場合には特許権の侵害に該当します（特2条3項1号，68条）。したがって，シューズAが，特許権Pに係る特許発明の技術的範囲に属する場合には，シューズAを日本国内で製造して輸出する場合には，特許権Pが問題になる可能性があります。

イ　適切

　特許出願に係る内容を知らないで自らその発明をし，特許出願の際現に日本国内でその発明の実施である事業している者又はその事業の準備をしている者には，先使用権が認められ，その特許出願に係る特許権に対抗することができます（特79条）。本問において，X社が特許権Pの出願前からシューズAの製造販売の準備を行い，且つそれが事業の準備に該当すれば，X社に先使用権が認められるので，特許権Pに対抗することができます。

ウ　不適切

　試験又は研究のために特許発明を実施する行為には特許権の効力は及びません（特69条1項）。したがって，シューズAを試験又は研究のために試作する行為に対して，特許権Pの効力は及びません。しかし，試作したシューズAを販売する行為は，試験又は研究に該当しないので，シューズAが，特許権Pに係る特許発明の技術的範囲に属する場合には，特許権Pの侵害となる可能性があります。

エ　適切

　登録商標と類似する商標を指定商品と同一の商品に使用する行為は，商標権の侵害行為に該当します（商37条1号）。商標Cを付したW社の製品は子供用長靴ですが，商標登録出願Mでの指定商品は，靴であり，シューズAは，商標登録出願Mの指定商品と同一の商品になります。したがって，商標登録出願Mが登録された場合，X社が商品名BでシューズAを販売する行為は，その商標登録出願Mに係る商標権を侵害する可能性があります。

問29　正解: イ　　　　　　　　意匠法の保護対象と登録要件

　意匠登録出願前に日本国内又は外国において公然知られた意匠及び公然知られた意匠に類似する意匠は意匠登録を受けることはできません（意3条1項3号）。ただし，意匠登録を受ける権利を有する者の行為に起因して，新規性を喪失した意匠であっても，公知となった日から1年以内に，新規性喪失の例外規定の適用を受ければ，新規性を喪失しなかったものとして扱われます（意4条2項）。

ア　適切

　新規性喪失の例外の適用を受けようとする者は，その旨を記載した書面を意匠登録出願と同時に，特許庁長官に提出しなければなりません（意4条3項）。

イ　不適切

　食器Aの新規性が失われることにより，これと類似する食器Bも新規性を失うことになりますが（意3条1項3号），食器Aについて新規性喪失の例外の適用を受ければ，食器Aは，新規性が失われていないものとみなされます（意4条2項）。これに伴い，食器Aに類似する食器Bの新規性も失われなくなるので，食器Bについて意匠登録出願をすることができます。

ウ　適切

　食器Aについて新規性喪失の例外の適用を受けて意匠登録を受けるためには，食器Aの販売を開始した日ではなく，食器Aが公知となった日から1年以内に意匠登録出願を行う必要があります（意4条2項）。

エ　適切

　食器Aについて新規性喪失の例外の適用を受けて意匠登録を受けるためには，新規性喪失の例外の適用を受けることができる意匠であることを証明する書面を，意匠登録出願の日から30日以内に特許庁長官に提出しなければなりません（意4条3項）。

問30　正解: エ

種苗法

ア　不適切

　育成者権者の行為により登録品種等の種苗が譲渡されたとき，当該登録品種の育成者権の効力は，その譲渡された種苗の利用には及びません（種21条2項）。ただし，育成者の効力が制限されるのは，譲渡された種苗の利用行為に限られるため，譲渡された種苗を用いて種苗を増殖させる行為に対しては，育成者権の効力が及びます。

イ　不適切

　上述アのとおり，育成者権者の行為により登録品種等の種苗が譲渡されたとき，当該登録品種の育成者権の効力は，その譲渡された種苗の利用には及びません（種21条2項）。したがって，育成者権者から登録品種の種苗を購入した者が，その購入した種苗を転売する行為に対しては，育成者権の効力が及びません。

ウ　不適切

　新品種の育成その他試験又は研究のためにする品種の利用に対して，育成者権の効力は及びません（種21条1項1号）。したがって，登録品種の種苗を入手した者が，新品種の育成の研究に利用するために当該登録品種の種苗を増殖する行為に対して，育成者権の効力は及びません。

エ　適切

　農業者が登録品種に係る収穫物の一部を次の作付けの種苗として使用する行為，いわゆる自家増殖は，以前は育成者権の効力が及ばない行為として規定されていましたが，令和4年の法改正により，自家増殖に対しても育成者権の効力が及ぶことになり，育成者権者の許諾に基づき行うこととなりました。

　ただし，自家増殖に許諾が必要になるのは国や県の試験場などが開発した登録品種です。その他の一般品種については，今後も育成者権者の許諾を得なくても自家増殖することができます。

問31　正解: エ　　　　　　　　　　　　　　　　　　　　民法

ア　適切

　契約は，当事者間で意思が合意すれば成立します。したがって，契約書が人工知能によって作成されたものであったとしても，その内容に当事者の双方が合意し，各当事者がその意思表示として署名押印をしている場合，その契約は効力を発生することになります。

イ　適切

　契約は，当事者間で意思が合意すれば成立します。しかし，適法でない契約や実現可能でない契約は，有効な契約とは認められませんので，どんな契約や取決めでも必ず成立するとは限りません。

ウ　適切

　ライセンス契約の調印者としては，代表取締役が望ましいのですが，事業に関するある種類又は特定の事項の委任を受けた使用人は，当該事項に関する一切の裁判外の行為をする権限を有します（会社法14条1項）。知的財産に関する契約の締結について権限を有する知的財産部の部長は，上記の使用人に該当するので，ライセンス契約の調印を行うことは可能です。

エ　不適切

　直筆でサインしている署名と，ゴム印で氏名を印したような記名とでは，署名の方が記名よりも法律上の証拠能力が高くなります。

問32　正解: ウ　　　　　　　　　　　　　特許調査とIPランドスケープ

　企業の買収を検討する場合には，特許出願件数等の知財情報や市場情報に基づき，シナジー効果を生み出すと考えられる買収候補先の企業を見つけ出す目的でIPランドスケープを実施します。より高いシナジー効果を生み出すためには，マーケットにおける評価が高い技術について，自社の技術と組合せたときの技術の補完度が高くなるような買収候補先を見つけることが重要になります。この観点でIPランドスケープを実施する方法としては，例えば，自社及び買収候補先の企業のそれぞれについて，マーケットにおける技術評価の高さを縦軸にとって技術を分類し，特許出願件数を横軸にとって各技術の出願件数を把握することが，有効です。

ア　不適切

モニュメントＡは美術の著作物に該当しますが，公園に恒常的に設置されているため，著作権者の許諾を得なくとも利用することができます（著46条）。この場合，写生した絵をコンテストに応募するためにモニュメントＡを写生する行為は，モニュメントＡを創作した甲の許諾を得なくとも行うことができます。

イ　適切

ビデオ撮影された映像において写り込んだ事物や音は，その映像において占める割合に照らして，映像の軽微な構成部分となる場合，その著作権者の許諾がなくとも利用することができます（著30条の２）。本問の場合，写生大会の様子を撮影した映像の中に，参加者が口ずさんでいた楽曲が録り込まれていますが，その時間が短時間である場合には，楽曲の著作権者の許諾を得なくとも，撮影した映像をウェブサイトに掲載することができます。

ウ　不適切

コンテストで募集した絵は，著作物であり，絵の著作者である応募者は，公衆送信権を有します（著23条１項）。そのため，その絵をウェブサイトに掲載する場合には，募集要項等で著作権の行使について制約を設ける場合を除き，その応募者の許諾が必要となります。

エ　不適切

人は，肖像権を有しているため，人の顔や容姿をみだりに撮影したり，撮影した映像を無断で公表したり，利用することはできません（最高裁　平成24年２月２日　第一小法廷判決）。一方で，本人が特定できないような形で撮影した場合，その撮影映像をウェブサイトに掲載することは，肖像権の侵害には該当しません。したがって，写生大会の参加者の様子を本人が特定できないような形で撮影することや撮影した映像をＸ市のウェブサイトに掲載することについて，被写体になった参加者の承諾は必要ありません。

問34　正解: 2025年2月　　　　　　　　　特許出願後の手続き

　特許出願について，何人も「特許出願日から３年以内」であれば，出願審査請求をすることができます（特48条の３第１項）。したがって，出願審査請求ができる期限は，特許出願Ｐの出願日である2022年２月２日の３年後である，2025年２月２日となります。

問35〜問37　　　　　　　　　　　　　　　特許協力条約（PCT）

問35　正解：ク（特許独立）

　パリ条約の同盟国の国民が各同盟国において取得した特許は，他の国において同一の発明について取得した特許から独立することになっています（パリ４条の２）。これを特許独立の原則といいます。特許独立の原則により，例えば，日本で特許を取得した場合でも，米国でも必ず特許を取得できるとは限りません。

問36　正解：キ（特許協力条約（PCT））

　国際出願は，一つ以上の締約国（指定国）を指定して行われます（PCT4条（１）（ⅱ））。特許協力条約（PCT）は，締約国ごとに異なる特許出願に係る方式的な手続きを統一するために，国際出願という制度を規定し（PCT３条），締約国における特許権の取得を簡易にすることを目的としています（PCT前文）。

問37　正解：ウ（国際出願日）

　国際出願の方式審査は，国際出願を受理した受理官庁によって行われ，所定の要件が満たされていることを受理官庁が確認した場合には，その国際出願の受理日が国際出願日として認定されます（PCT11条（１））。

問38　正解：名誉又は声望を害する

　実演家は同一性保持権を有します（著90条の3第1項）。実演家の同意なく，実演家の名誉又は声望を害する実演の変更，切除その他の改変をする行為は，同一性保持権を侵害することになります。

問39　正解：に固定されている音を最初に固定

　レコード製作者とは，レコードに固定されている音を最初に固定した者をいいます（著2条1項6号）。

問40　正解：TRIPS協定

　実演家やレコード製作者の保護について規定されている条約としてTRIPS協定があります（TRIPS協定14条）。

知的財産管理技能検定
2級

試験概要

知的財産管理技能検定について

（1） 知的財産管理技能検定とは

　「知的財産管理技能検定」は、技能検定制度の下で実施されている、「知的財産管理」職種にかかる国家試験です。知的財産教育協会が2004年より実施してきた「知的財産検定」が全面的に移行したもので、2008年7月に第1回検定が実施されました。

　「知的財産管理」職種とは、知的財産（著作物、発明、意匠、商標、営業秘密等）の創造、保護または活用を目的として、自己または所属する企業・団体等のために業務を行う職種であり、具体的には、リスクマネジメントに加え、創造段階における開発戦略、マーケティング等、また保護段階における戦略、手続管理等、また活用段階におけるライセンス契約、侵害品排除等のマネジメントを行う職種です。

　本検定は、これらの技能およびこれに関する知識の程度を測る試験です。

試験名称：知的財産管理技能検定
試験形態：国家試験（名称独占資格）・技能検定
試験等級：一級知的財産管理技能士（特許専門業務）
　　　　　一級知的財産管理技能士（コンテンツ専門業務）
　　　　　一級知的財産管理技能士（ブランド専門業務）
　　　　　二級知的財産管理技能士（管理業務）
　　　　　三級知的財産管理技能士（管理業務）
試験形式：学科試験・実技試験
指定試験機関：一般財団法人知的財産研究教育財団 知的財産教育協会
知的財産管理技能検定 HP：www.kentei-info-ip-edu.org/

技能検定とは

技能検定とは、働くうえで身につける、または必要とされる技能の習得レベルを評価する国家検定制度で、「知的財産管理技能検定」は、「知的財産管理」職種にかかる検定試験です。試験に合格すると合格証書が交付され、「技能士」と名乗ることができます。

厚生労働省：技能検定制度について
https://www.mhlw.go.jp/stf/seisakunitsuite/bunya/koyou_roudou/jinzaikaihatsu/ability_skill/ginoukentei/index.html

(2) 各級のレベル

1級：知的財産管理の職種における上級の技能者が通常有すべき技能及びこれに関する知識の程度（知的財産管理に関する業務上の課題の発見と解決を主導することができる技能及びこれに関する専門的な知識の程度）を基準とする。

2級：知的財産管理の職種における中級の技能者が通常有すべき技能及びこれに関する知識の程度（知的財産管理に関する業務上の課題を発見し、大企業においては知的財産管理の技能及び知識を有する上司の指導の下で、又、中小・ベンチャー企業においては外部専門家等と連携して、その課題を解決でき、一部は自律的に解決できる技能及びこれに関する基本的な知識の程度）を基準とする。

3級：知的財産管理の職種における初級の技能者が通常有すべき技能及びこれに関する知識の程度（知的財産管理に関する業務上の課題を発見し、大企業においては知的財産管理の技能及び知識を有する上司の指導の下で、又、中小・ベンチャー企業においては外部専門家等と連携して、その課題を解決することができる技能及びこれに関する初歩的な知識の程度）を基準とする。

(3) 試験形式

*一部に3肢択一も含む

等級・試験種	試験形式	問題数	制限時間	受検手数料
1級学科試験	筆記試験(マークシート方式4肢択一式*)	45問	100分	8,900円
1級実技試験	筆記試験と口頭試問	5問	約30分	23,000円
2級学科試験	筆記試験(マークシート方式4肢択一式*)	40問	60分	8,200円
2級実技試験	筆記試験(記述方式・マークシート方式併用)	40問	60分	8,200円
3級学科試験	筆記試験（マークシート方式3肢択一式）	30問	45分	6,100円
3級実技試験	筆記試験(記述方式・マークシート方式併用)	30問	45分	6,100円

(4) 法令基準日

知的財産管理技能検定の解答にあたっては、問題文に特に断りがない場合、試験日の6カ月前の月の1日現在で施行されている法令等に基づくものとされています。

知的財産管理技能検定2級について

　「知的財産管理技能検定2級」（以下、2級）は、知的財産管理技能検定のうち、知的財産分野全般（特許、商標、著作権等）について、基本的な管理能力がある者を対象とした試験です。

　なお、2級合格に必要な技能およびこれに関する知識の程度は、以下のように定められています。

> **2級**：知的財産管理の職種における中級の技能者が通常有すべき技能及びこれに関する知識の程度（知的財産管理に関する業務上の課題を発見し、大企業においては知的財産管理の技能及び知識を有する上司の指導の下で、又、中小・ベンチャー企業においては外部専門家等と連携して、その課題を解決でき、一部は自律的に解決できる技能及びこれに関する基本的な知識の程度）を基準とする。

知的財産管理技能検定2級　試験概要

＊一部に3肢択一も含む

	学科試験	実技試験
試験形式	筆記試験 （マークシート方式　4肢択一式＊）	筆記試験 （記述方式・マークシート方式併用）
問題数	40問	40問
制限時間	60分	60分
受検手数料	8,200円	8,200円

知的財産管理技能検定2級　試験範囲

学科試験	実技試験
2級学科試験の試験科目およびその範囲の細目	2級実技試験の試験科目およびその範囲の細目
1　戦略 知的財産戦略に関し、次に掲げる事項について基本的な知識を有すること。 ①知的財産戦略（特許ポートフォリオ戦略、ブランド戦略、コンテンツ戦略） ②IPランドスケープ ③オープン＆クローズ戦略 ④コーポレートガバナンス・コード	1　戦略 知的財産戦略に関し、次に掲げる事項について業務上の課題を発見し、上司の指導の下で又は外部専門家等と連携して、その課題を解決でき、一部は自律的に解決できること。 ①知的財産戦略（特許ポートフォリオ戦略、ブランド戦略、コンテンツ戦略） ②IPランドスケープ ③オープン＆クローズ戦略 ④コーポレートガバナンス・コード

2　管理 2-1　法務 法務に関し、次に掲げる事項について基本的な知識を有すること。 ①営業秘密管理 ②知的財産関連社内規定（営業秘密管理に関するものを除く） 2-2　リスクマネジメント リスクマネジメントに関し、次に掲げる事項について基本的な知識を有すること。 ①係争対応 ②他社権利監視 ③他社権利排除 　イ　情報提供　　ロ　無効審判手続 3　創造（調達） 3-1　調査 調査に関し、次に掲げる事項について基本的な知識を有すること。 ①先行資料調査 ②他社権利調査 4　保護（競争力のデザイン） 4-1　ブランド保護 ブランド保護に関し、次に掲げる事項について基本的な知識を有すること。 ①商標権利化（意見書、補正書、不服審判を含む） ②商標事務（出願事務、期限管理、年金管理を含む） 4-2　技術保護 Ⅰ国内特許権利化に関し、次に掲げる事項について基本的な知識を有すること。 ①明細書 ②意見書提出手続 ③補正手続 ④拒絶査定不服審判手続 ⑤査定系審決取消訴訟手続 Ⅱ外国特許権利化に関し、次に掲げる事項について基本的な知識を有すること。 ①パリ条約を利用した外国出願手続 ②国際出願手続 Ⅲ国際特許事務に関し、次に掲げる事項について基本的な知識を有すること。 ①出願事務 ②期限管理 ③年金管理 Ⅳ品種登録申請に関して基本的な知識を有すること。	2　管理 2-1　法務 法務に関し、次に掲げる事項について業務上の課題を発見し、上司の指導の下で又は外部専門家等と連携して、その課題を解決でき、一部は自律的に解決できること。 ①営業秘密管理 ②知的財産関連社内規定（営業秘密管理に関するものを除く） 2-2　リスクマネジメント リスクマネジメントに関し、次に掲げる事項について業務上の課題を発見し、上司の指導の下で又は外部専門家等と連携して、その課題を解決でき、一部は自律的に解決できること。 ①係争対応 ②他社権利監視 ③他社権利排除 　イ　情報提供　　ロ　無効審判手続 3　創造（調達） 3-1　調査 調査に関し、次に掲げる事項について業務上の課題を発見し、上司の指導の下で又は外部専門家等と連携して、その課題を解決でき、一部は自律的に解決できること。 ①先行資料調査 ②他社権利調査 4　保護（競争力のデザイン） 4-1　ブランド保護 ブランド保護に関し、次に掲げる事項について業務上の課題を発見し、上司の指導の下で又は外部専門家等と連携して、その課題を解決でき、一部は自律的に解決できること。 ①商標権利化（意見書、補正書、不服審判を含む） ②商標事務（出願事務、期限管理、年金管理を含む） ③地理的表示の保護 4-2　技術保護 Ⅰ国内特許権利化に関し、次に掲げる事項について業務上の課題を発見し、上司の指導の下で又は外部専門家等と連携して、その課題を解決でき、一部は自律的に解決できること。 ①明細書 ②意見書提出手続 ③補正手続 ④拒絶査定不服審判手続 ⑤査定系審決取消訴訟手続

4-3　コンテンツ保護
コンテンツ保護に関して基本的な知識を有すること。

4-4　デザイン保護
デザイン保護に関し、次に掲げる事項について基本的な知識を有すること。
①意匠権利化（意見書、補正書、不服審判を含む）
②意匠事務（出願事務、期限管理、年金管理を含む）

5　活用
5-1　契約
契約に関し、次に掲げる事項について基本的な知識を有すること。
①知的財産関連契約
②著作権の権利処理

5-2　エンフォースメント
エンフォースメントに関し、次に掲げる事項について基本的な知識を有すること。
①知的財産権侵害の判定
②知的財産権侵害警告
③国内知的財産関連訴訟（当事者系審決等取消訴訟を含む）
④模倣品排除

6　関係法規
次に掲げる関係法規に関し、知的財産に関連する事項について基本的な知識を有すること。
①民法（特に契約関係法規）
②特許法
③実用新案法
④意匠法
⑤商標法
⑥不正競争防止法
⑦独占禁止法
⑧関税法
⑨外国為替及び外国貿易法
⑩経済安全保障推進法（第5章　特許出願の非公開）
⑪著作権法
⑫種苗法
⑬特定農林水産物等の名称の保護に関する法律
⑭パリ条約
⑮特許協力条約
⑯TRIPS協定
⑰マドリッド協定議定書
⑱ハーグ協定
⑲ベルヌ条約
⑳商標法に関するシンガポール条約
㉑特許法条約
㉒弁理士法

Ⅱ外国特許権利化に関し、次に掲げる事項について業務上の課題を発見し、上司の指導の下で又は外部専門家等と連携して、その課題を解決でき、一部は自律的に解決できること。
①パリ条約を利用した外国出願手続
②国際出願手続
Ⅲ国内特許事務に関し、次に掲げる事項について業務上の課題を発見し、上司の指導の下で又は外部専門家等と連携して、その課題を解決でき、一部は自律的に解決できること。
①出願事務
②期限管理
③年金管理
Ⅳ品種登録申請に関して業務上の課題を発見し、上司の指導の下で又は外部専門家等と連携して、その課題を解決でき、一部は自律的に解決できること。

4-3　コンテンツ保護
コンテンツ保護に関して業務上の課題を発見し、上司の指導の下で又は外部専門家等と連携して、その課題を解決でき、一部は自律的に解決できること。

4-4　デザイン保護
デザイン保護に関し、次に掲げる事項について業務上の課題を発見し、上司の指導の下で又は外部専門家等と連携して、その課題を解決でき、一部は自律的に解決できること。
①意匠権利化（意見書、補正書、不服審判を含む）
②意匠事務（出願事務、期限管理、年金管理を含む）

5　活用
5-1　契約
契約に関し、次に掲げる事項について業務上の課題を発見し、上司の指導の下で又は外部専門家等と連携して、その課題を解決でき、一部は自律的に解決できること。
①知的財産関連契約
②著作権の権利処理

5-2　エンフォースメント
エンフォースメントに関し、次に掲げる事項について業務上の課題を発見し、上司の指導の下で又は外部専門家等と連携して、その課題を解決でき、一部は自律的に解決できること。
①知的財産権侵害の判定
②知的財産権侵害警告
③国内知的財産関連訴訟（当事者系審決等取消訴訟を含む）
④模倣品排除

知的財産管理技能検定2級　受検資格

　2級には受検資格があります。なお、複数ある受検資格のうち、いずれか1つに該当していればよいとされています。

試験区分	選択作業	受検資格
学科試験 実技試験	管理業務	・知的財産に関する業務について2年以上の実務経験を有する者 ・3級技能検定の合格者（※1） ・学校教育法による大学又は大学院において検定職種に関する科目について10単位以上を修得した者 ・ビジネス著作権検定上級の合格者（※2） ・2級技能検定の一部合格者（学科または実技いずれか一方の試験のみの合格者）（※3）

※1　合格日が試験の行われる日の属する年度及びその前年度並びに前々年度に属するものに限る。

※2　ビジネス著作権検定とは、サーティファイ著作権検定委員会が実施する「ビジネス著作権検定」を指す。合格日が技能検定が実施される日の属する年度及びその前年度並びに前々年度に属するものに限る。

※3　当該合格したほうの試験の合格日の翌々年度までに行われる技能検定についてに限る。

※本書の検定情報は、2024年5月現在の知的財産管理技能検定のウェブサイト情報に基づいて執筆したものです。最新の情報は下記ウェブサイトをご確認ください。

知的財産管理技能検定ウェブサイト

https://www.kentei-info-ip-edu.org/

知的財産管理技能検定2級
厳選 過去問題集［2025年度版］

2024年 7月 20日 初版1刷発行

編　者	アップロード知財教育総合研究所
発行者	小川裕正
発行所	株式会社アップロード
	〒104-0061　東京都中央区銀座2-11-2
	TEL 03-3541-3827　FAX 03-3541-7562
カバー・本文デザイン	中川英祐（有限会社トリプルライン）
印刷・製本	広研印刷株式会社

©2024　株式会社アップロード　Printed in Japan
ISBN 978-4-909189-61-5　C2032
乱丁・落丁本は、送料小社負担にてお取り替えいたします。